KB202039

너는 꿈을 어떻게 이룰래?
성공 습관

한리

너는 꿈을 어떻게 이룰래? (성공 습관)

펴   냄 2010년 3월 10일 1판 1쇄 박음 │ 2010년 3월 15일 1판 1쇄 펴냄
지은이   리앙즈웬(梁志援)
옮긴이   이선애
펴낸이   김철종
펴낸곳   (주)한언
　　　　등록번호 제1-128호 / 등록일자 1983. 9. 30
주   소   서울시 마포구 신수동 63-14 구 프라자 6층(우 121-854)
TEL. 02-701-6616(대) / FAX. 02-701-4449
책임편집   이정현
디자인   정현영 · 양미정 · 백은미
홈페이지   www.haneon.com
e-mail   haneon@haneon.com

ISBN 978-89-5596-571-1 63370

너는 꿈을
어떻게 이룰래?
성공 습관

리앙즈웬(梁志援) 지음 | 이선애 옮김

To.
_____

_____

_____

_____

_____

_____

_____

_____

_____

_____

_____

From.
_____

세계적인 투자가, 워렌 버핏은 16세에 이미 투자에 관련된 책을 수백 권 읽었으며 지금도 출퇴근 시간 동안 책을 손에서 놓지 않는다. 이런 그의 독서량은 다른 사람들의 5배나 된다.

미국의 제16대 대통령인 에이브러햄 링컨은 모자 속에 항상 종이와 연필을 넣어 다니면서 갑자기 떠오른 생각이나 다른 사람에게서 들은 말을 즉시 기록했다.

전 세계의 사랑을 받는 최고의 토크쇼 진행자인 오프라 윈프리는 처음 만난 사람들과 쉽게 포옹하면서 그 사람의 마음을 열고 그들과 공감한다.

마이크로 소프트의 창업자인 빌게이츠는 잠자는 시간이 아까워서 언제나 새벽 3시에 일어난다. 각 분야에서 최고로 꼽히는 이 사람들은 자신의 성공 비결로 타고난 재능이나 행운이 아닌 '습관'을 꼽는다.

워렌 버핏은 독서하는 습관으로 새로운 지식을 끊임없이 얻을 수 있었고, 에이브러햄 링컨은 메모하는 습관을 통해 사소한 것도 놓치지 않는 섬세함을 키울 수 있었다. 그리고 오프라 윈프리는 처음 만나는 사람과 친근하게 포옹하면서 그들이 그녀에게 마음을 열고 진솔한 이야기를 할 수 있게 만들었다. 또한 빌게이츠는 모두가 잠든 새벽에 일어나 책을 읽고 공부를 하면서 누구보다 하루를 길게 쓸 수 있었다.

이처럼 성공한 사람들은 습관을 통해 자신의 능력을 쌓고 가치를 높였다. 결국 그들의 습관이 성공을 결정한 것이다. 따라서 우리도 나에게 도움이 되는 좋은 습관을 내 것으로 만든다면, 원하는 꿈을 이룰 수 있다.

성공하고 싶다면
성공하는 사람들의
습관을 가져야
한다.

빌 게이츠는 다른 사람의 좋은 습관을 자신의 습관으로 만든다고 했다. 우리도 꿈을 이루고 싶다면 꿈을 이룬 사람들의 좋은 습관을 배워서 자신의 것으로 만들 필요가 있다.

습관은 어떤 행동이 오랜 기간 동안 반복되어 굳어진 것이기 때문에 한 번 만들어지면 바꾸기 어렵다. 또한 새로운 습관을 만드는 것도 여간 어려운 일이 아니다. 따라서 어릴 때부터 좋은 습관을 가지는 것이 중요하다. 지금 이 글을 읽으며 '난 이미 나쁜 습관을 가지고 있어서 성공하지 못하겠는걸' 하고 낙심하고 있는 사람도 있을 것이다. 하지만 포기하기엔 이르다. 습관은 바꾸기 힘든 것이지 바꾸지 못하는 것은 아니기 때문이다. 좋은 습관을 내 몸에 익히기 위해 끊임없이 노력한다면 그렇게 쌓인 습관들이 나를 성공으로 이끌어 줄 것이다.

이 책을
어떻게 활용해야
할까?

〈너는 꿈을 어떻게 이룰래? 성공 습관 편〉은 성공하는 사람들이 공통적으로 가진 7가지 습관을 재미있는 이야기로 보여 주고 있다. 이 책을 100% 활용하기 위해서는 먼저 그 이야기를 읽고 좋은 습관이란 무엇인지, 어떻게 키울 수 있는지 이해해야 한다. 그리고 뒤에 나오는 문제를 통해 좋은 습관에 대한 이해를 넓히고, 그것을 자신의 삶에 어떻게 적용해 볼 수 있을지 구체적으로 생각해 보아야 한다.

책에서 배운 내용을 활용할 때, 주의해야 할 점은 습관이란 한 번에 바뀌는 것이 아니라는 사실이다. 지금 당장 내가 바꿀 수 있는 습관부터 차근차근 익혀간다면 어느새 좋은 습관으로 무장한 자신을 발견할 수 있을 것이다.

**죽은 지식과
살아 있는 지혜**

초등학교를 졸업할 때쯤 아이들의 신체 조건, 지적 수준, 사고 능력은 거의 비슷하다고 할 수 있다. 그러나 오랜 세월이 지난 후 그 결과는 사뭇 다르다. 아마도 이러한 결과를 운의 몫으로 돌리는 사람도 있을 것이다. 어떤 사람들은 운이 따르지 않아서 성공할 수 없었고, 어떤 사람들은 운 좋게 귀인을 만나 성공했다고 생각할 수도 있다. 그렇다면 행운 외에 다른 이유는 없는 것일까?

한 학년의 학업을 마쳤다는 것은 학교에서 배운 지식과 능력이 다른 사람과 별 차이가 없다는 것을 의미한다. 그런데 왜 일부분의 사람들만 배운 지식을 자유자재로 활용할 수 있을까? 그것은 그들에게 또 다른 살아 있는 지혜가 있기 때문이다.

지식 사회에서 살고 있는 우리는 그 어느 때보다 지식에 대한 욕구가 간절하다. 우리는 반드시 이전보다 더 치열하게 학습하고 많은 시간을 투자해야 한다. 예를 들면 대학을 졸업하고 나서도 전공 관련 자격증을 취득하거나 앞으로 생계유지에 필요한 전문 기술을 배워야 한다. 기초적인 전문 기술이 우리의 경쟁력을 높여 주고, 생계유지 차원에서 도움이 된다는 것은 의심할 여지가 없다. 그러나 이런 '죽은 지식'을 자유자재로 활용하려면 반드시 '산지식'을 자유자재로 활용할 수 있는 능력이 필요하다. 그렇다면 산지식을 활용할 수 있는 능력이란 무엇일까?

유명한 미래학자 존 나이스비트는 지식 사회에서 다음과 같은 네 가지 기능을 습득해야 한다고 말한다. 그것은 바로 공부하는 방법, 생각하는 방법, 창조하는 방법, 교제하는 방법이다.

같은 분야의 전문 자격증을 취득한 엔지니어 두 명이 있었다. 그중 A라는 사람은 공부하는 방법을 알고 있었기 때문에 급속하게 변화하는 시장의 요구에 맞춰 신제품 관련 지식을 파악할 수 있었고, 사람들과 교제하는 방법과 표현 능력이 뛰어났기 때문에 더 많은 주문을 받을 수 있었다. 또한 창의적인 사고방식을 가지고 있어서 어려운 문제에 부딪쳤을 때 빠르고 쉽

게 해결할 수 있었다. 그리고 과거를 반성하고 미래를 예측할 수 있는 혜안 덕분에 더욱 많은 기회를 잡을 수 있었다. 그러나 B라는 사람은 A처럼 하지 못했기 때문에 그에 비해 성공적인 삶을 살지 못했다.

죽은 지식과 산지식의 차이점

• 죽은 지식은 쉽게 시대에 뒤떨어지고 새로운 지식에 자리를 내주지만, 산지식은 평생 활용이 가능하다.

• 죽은 지식을 습득하는 데는 많은 시간이 필요하지만, 산지식은 짧은 시간 안에 쉽게 배울 수 있다. 그러나 산지식을 이해할 수도 인정할 수도 없는 사람들은 평생 걸려도 배우지 못한다.

• 죽은 지식은 일반적으로 학교에서 교과 과정을 통해 배울 수 있지만, 산지식은 언제 어디서나 정해진 틀에 얽매이지 않고 배울 수 있다.

• 죽은 지식은 평가가 가능하지만, 산지식은 정확하게 평가하기가 어렵고 긴 시간이 지나야 그 결과를 통해 알 수 있다. 그러나 확실하게 산지식을 배울 수 있다면 그 효과는 굉장하다.

성공한 사람들의 공통점이 있다면 그들은 산지식의 소유자라는 것이다. 리앙즈웬 선생이 쓴 〈너는 꿈을 어떻게 이룰래?〉 시리즈는 바로 세계적인 교육의 새로운 흐름에 따라 집필된 '산지식'이라 하겠다. 이 시리즈는 지식 사회가 요구하는 인재 육성을 위한 훌륭한 교과서다. 이 책의 특징은 어려운 문장은 피하고, 간결하고 정확한 언어를 사용했다는 점이다. 연습 문제를 통해 학생들이 쉽게 이해하고, 그 숨은 뜻을 바로 습득할 수 있도록 구성했다. 즉 이 책에서 제기된 많은 지식들은 사람들이 평생 배워도 체계적으로 터득하기 어려운 산지식이라고 자신 있게 말할 수 있다. 아이들이 이 시리즈를 통해 평생 사는 데 도움이 되는 훌륭한 지혜들을 얻기 바란다.

- 존 라우 〈너는 꿈을 어떻게 이룰래?〉 시리즈 고문

목차 | C·O·N·T·E·N·T·S

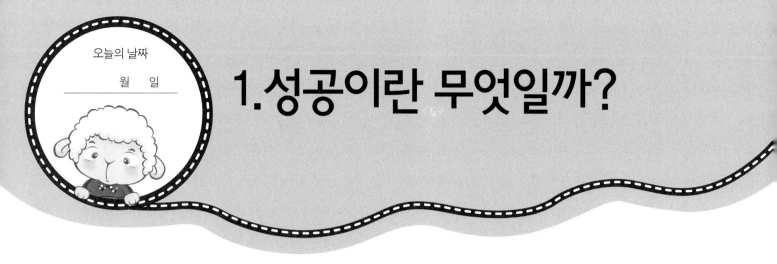

1.성공이란 무엇일까?

성공이란 무엇일까? 많은 돈을 벌었지만 함께 나눌 가족이 없는 스쿠루지와 기쁨과 슬픔을 나눌 가족은 있지만 아픈 아이를 병원에 데리고 가지 못할 만큼 가난한 그의 조수 보비 중에 진정으로 성공한 사람은 누구일까? 이제부터 성공의 진정한 의미를 알아보고 이러한 질문에 대한 답을 찾아보자.

오늘의
배울거리

나에게 성공이란 어떤 의미일까?

20년 후, 성공한 자신의 모습을 상상해 보자. 선생님이 된 모습을 떠올릴 수도 있고, 대기업 CEO*가 된 모습을 떠올릴 수도 있다. 결혼을 해서 화목*한 가정을 꾸리고 살아가는 모습일 수도 있고, 결혼을 하지 않은 채 자유롭게 살아가는 모습일 수도 있다. 이렇게 성공한 모습을 떠올리는 것만으로도 성공하고 싶다는 마음이 더욱 커질 수 있다.

이제 옆자리의 친구에게 20년 후 성공한 내 모습에 대해 이야기해 주고, 친구의 성공한 모습은 어떤 것인지 들어 보자. 그리고 같은 반 친구들의 이야기도 들어 보자. 친구들마다 서로 다른 모습의 성공을 꿈꾼다는 사실을 알 수 있다. 이렇듯 성공하고 싶다면 사람마다 성공의 의미가 다르다는 것을 알고 내가 생각하는 성공이란 무엇인지 구체적*으로 생각해 보아야 한다.

● ● ● 낱말 풀이
CEO : 기업을 운영하는 사람
화목 : 서로 뜻이 맞고 정이 있음
구체적 : 자세하고 꼼꼼하게 나타
내는 것

90점을 받은 것은 성공일까? 실패일까?

이번 수학 시험에서 민재와 정수는 90점을 받았다. 하지만 똑같은 점수에도 둘의 반응은 완전히 다르다. 민재는 하루 종일 싱글벙글 웃고 있지만, 정수는 말없이 풀이 죽어 있다. 왜 같은 점수를 받고도 서로 다른 반응을 보이는 것일까?

민재는 지금까지 한 번도 90점을 받아 본 적이 없었다. 수학책보다 축구공을, 국어책보다 야구공을 더 좋아하는 민재는 책상 앞에만 앉으면 좀이 쑤셨다*. 그런 민재가 변하게 된 것은 의대에 다니는 사촌 형을 만나고 난 후부터였다. 가난한 사람들을 위해 세계 각지로 의료 봉사*를 떠나는 형의 모습을 보면서 의사의 꿈을 키우게 된 것이다. 그 후로 민재는 공부를 하기 시작했다. 처음에는 30분도 앉아 있지 못했던 민재였지만 모르는 것을 하나씩 알아 갈수록 공부에 재미를 느꼈다. 그렇게 열심히 공부를 한 결과, 민재는 처음으로 수학 시험에서 90점을 받을 수 있었다.

하지만 정수는 달랐다. 수학을 좋아하는 정수는 수학 공부를 하는 것이 재미있었고, 열심히 공부한 만큼 수학 시험에서 항상 100점을 받았다. 정수는 이번 시험에서도 100점을 받을 수 있을 것이라고 기대했다. 하지만 마지막 문제에서 실수를 하는 바람에 90점을 받게 되었다. 선생님은 잘했다고 하셨지만 정수는 90점을 받았다는 사실이 아쉽기만 했다.

민재와 정수가 같은 점수를 받고도 서로 다른 반응을 보인 이유는 '만족할 만한 점수'의 기준*이 달랐기 때문이다. 지금까지 공부를 열심히 해 본 적이 없는 민재에게 90점을 받은 것은 '성공'이었다. 하지만 언제나 100점을 목표로 열심히 공부해 온 정수에게는 90점을 받은 것은 '아쉬움'이었다.

이처럼 성공을 판단*하는 기준은 사람마다 다르다. 타고난 재능, 자라 온 배경, 생활하는 환경이 다르기 때문이다. 성공에 대한 정의*도 다르다. 돈을 많이 버는 것이 성공일 수도 있고, 많은 것을 배우고 아는 것이 성공일 수도 있으며, 많은 사람을 돕는 것이 성공일 수도 있다.

이처럼 사람마다 성공의 의미는 다르지만 공통적*으로 가지고 있는 특징을 모으면 성공의 정의를 내릴 수 있다. 성공이란 바로 '즐겁게 생활하고, 자신이 맡

● ● ● ● **낱말 풀이**

좀이 쑤시다 : 마음이 들뜨거나 초조하여 가만히 있지 못하다

의료 봉사 : 의사와 간호사들이 생활이 어려운 사람들을 위해 무료로 환자를 진찰하고 치료하는 것

기준 : 기본이 되는 표준

판단 : 사물을 인식하여 논리나 기준 등에 따라 판정을 내림

정의 : 어떤 말이나 사물의 뜻

공통적 : 둘 또는 그 이상의 여럿 사이에 두루 통하고 관계됨

은 일을 열심히 하여 사회에 도움을 주는 것'이다.

앞의 이야기에서 우리는 사람마다 성공의 정의가 다르다는 것을 배웠다. 그러므로 성공하고 싶다면 나에게 있어서 성공이란 무엇인지에 대하여 생각해 보아야 한다. 이때 기억해야 할 점은 성공이란 즐겁게 생활하고 자신이 맡은 일을 열심히 하여 사회에 도움을 줄 수 있는 것이라는 사실이다.

1. 성공을 추구*하기 전에 무엇부터 생각해 보아야 할까?

① 다른 사람들이 생각하는 성공이란 무엇일까?

② 내가 생각하는 성공이란 무엇일까?

③ 가족들이 생각하는 성공이란 무엇일까?

④ 친구가 생각하는 성공이란 무엇일까?

2. 왜 사람마다 성공의 정의가 다른 것일까? (모두 선택)

① 타고난 재능이 다르기 때문에   ② 좋아하는 것이 다르기 때문에

③ 자라 온 배경이 다르기 때문에   ④ 생활하는 환경이 다르기 때문에

3. 축구 코치들에게는 무엇이 성공일까?

① 단결된 축구팀을 만드는 것

② 팀원들의 삶을 행복하게 만들어 주는 것

③ 경기에서 승리하는 것

④ 팀원들의 사랑을 받는 것

4. 기본적인 성공의 정의에는 어떤 것들이 포함될까? (모두 선택)

① 똑똑한 사람이 된다   ② 즐겁게 생활한다

③ 많은 사람의 사랑을 받는다   ④ 자신의 역할*을 완벽하게 수행한다

⑤ 돈을 많이 번다   ⑥ 세상을 더 아름답게 만든다

● ● ○ ● **낱말 풀이**
추구 : 목적을 이룰 때까지 뒤쫓아 구함

● ● ○ ● **낱말 풀이**
역할 : 자기가 마땅히 하여야 할 맡은 바 직책이나 임무

5. 여러분이 생각하는 성공이란 무엇인지 골라 보자. (모두 선택)

① 자신의 일을 사랑하는 것　　　　② 일을 완벽하게 마무리 해내는 것

③ 다른 사람의 칭찬을 받는 것　　　④ 자신의 재능을 발휘*하는 것

⑤ 즐겁게 생활하는 것　　　　　　⑥ 우수한 성적을 받는 것

⑦ 자신의 책임*을 다하는 것　　　　⑧ 행복한 가정을 꾸리는 것

⑨ 세상에 아름다운 것을 남기는 것　⑩ 돈에 대해 걱정하지 않는 것

⑪ 자기가 원하는 대로 생활하는 것　⑫ 친구를 많이 사귀는 것

⑬ 가난한 사람들을 위해 일하는 것

● ● ● ● **낱말 풀이**

발휘 : 재능, 능력 등을 떨치어 나타냄

책임 : 맡아서 해야 할 임무나 의무

진정한 성공이란 무엇일까?

아래의 사람들이 가진 공통점이 무엇인지 생각해 보자.

- 휴일에도 쉬지 않고 열심히 일한 김건강 씨는 누구보다 빨리 승진*하고 많은 돈을 벌 수 있었다. 상사*의 인정과 주위의 부러움을 한 몸에 받던 김건강 씨지만 그동안 쉬지 않고 일한 탓에 김건강 씨는 어젯밤 과로*로 쓰러져 현재 입원 중이다.

- 박화목 선생님은 수업이 끝난 후 학생들의 공부를 도와주느라 저녁 식사 시간이 한참 지난 후에야 퇴근하는 날이 많았다. 이렇게 학생들의 일이라면 밤낮을 가리지 않는 박화목 선생님은 학교에서는 많은 학생들의 존경*을 받는 '좋은 선생님'이지만, 집에서는 아이들과 함께하는 시간이 없는 '바쁜 아버지'다.

- 변호사가 되고 싶은 우정이는 꿈을 이루기 위해 열심히 공부한다. 학교 수업이 끝나면 학원으로, 학원 수업이 끝나면 독서실로 향하는 우정이는 전교 1등을 놓친 적이 없다. 이렇게 늘 공부하기에 바쁜 우정이는 친구들과 어울릴 시간이 없어서 마음을 터놓고 이야기할 수 있는 친구가 한 명도 없다.

이 사람들의 공통점은 바로 한 가지를 얻은 대신, 다른 한 가지는 잃었다는 것이다. 그것은 진정한 성공이라고 할 수 없다. 돈이 많아도 건강을 잃었다면 그 돈을 쓸 수 없고, 자신의 일에서 성공했더라도 그 기쁨을 함께 나눌 가족이 없다면 보람은 덜하기 때문이다.

● ● ● ● **낱말 풀이**

승진 : 직위의 등급이나 계급이 오름

상사 : 자기보다 지위가 높은 사람

과로 : 몸이 힘들 정도로 일을 많이 해서 생긴 피로

존경 : 남의 인격, 사상, 행위 등을 받들어 공경함

진정한 성공은 자동차에 비유해 볼 수 있다. 바퀴가 하나만 빠져도 앞으로 나아갈 수 없는 자동차처럼 우리의 삶도 가족, 친구, 건강, 공부, 휴식, 돈 중 한두 가지 요소에서 성공했다고 해서 진정한 성공이라고는 할 수 없다. 진정한 성공은 이러한 삶의 요소*들이 골고루 발전하여 균형*을 이룰 때 비로소 달성*할 수 있기 때문이다.

바퀴가 하나만 빠져도 앞으로 나아갈 수 없는 자동차처럼, 우리의 삶도 여러 부분이 조화*를 이루어 발전하지 않으면 성공했다고 할 수 없다. 이 사실을 기억해서 삶의 여러 부분을 균형 있게 발전시키도록 하자.

낱말 풀이

요소 : 꼭 필요한 성분
균형 : 어느 한쪽으로 기울지 않은 상태
달성 : 목적한 것을 이룸

낱말 풀이

조화 : 서로 잘 어울림
집중적 : 한곳을 중심으로 모이거나 모으는 것

1. 진정한 성공의 의미는 무엇일까?

　　① 삶의 여러 요소 중 한 가지가 특별하게 우수한 것

　　② 삶의 여러 요소를 순서대로 발전시키는 것

　　③ 삶의 여러 요소를 골고루 발전시키는 것

　　④ 삶의 여러 요소 중 두 가지가 집중적*으로 발전하는 것

2. 진정한 성공에는 어떤 요소들이 포함될까? (모두 선택)

　　① 돈　　② 휴식　　③ 친구　　④ 좋은 성적　　⑤ 건강　　⑥ 가정

3. 삶의 여러 요소가 골고루 발전하지 못한다면 우리의 인생은 어떻게 될까?

　　① 앞으로 나아가기 어려워진다　　② 위로 올라가지 못한다

　　③ 걱정이 사라진다　　　　　　　④ 아무것도 변하지 않는다

4. 다음 중 균형을 이루지 못한 삶은 무엇일까? (모두 선택)

　　① 매일 가족들하고만 지낸다　　　　　② 게임만 한다

　　③ 삶의 여러 요소를 발전시키려고 노력한다　④ 쉬지 않고 운동한다

　　⑤ 버는 돈 보다 쓰는 돈이 더 많다

● ● ● **낱말 풀이**

열정 : 어떤 일에 애정을 가지고 열
중하는 마음

재난 : 뜻밖에 일어난 재앙과 고난

5. 생활에서 균형을 잃으면 어떤 결과가 나타날까?

① 흥분과 열정*이 생긴다   ② 고통과 재난*이 생긴다

③ 자신감과 희망이 생긴다   ④ 용기와 즐거움이 생긴다

● ● ● **낱말 풀이**

명예 : 세상에서 훌륭하다고 인정
되는 이름이나 자랑

지위 : 개인의 사회적 신분에 따르
는 위치나 자리

6. 균형적인 성공은 무엇을 가져올까?

① 명예*와 지위*   ② 지혜와 깨달음

③ 돈과 명예   ④ 행복과 즐거움

실천해 보기

진정한 성공이란 무엇인지 판단해 보기

진정한 성공이란 가족, 친구, 건강, 공부, 휴식, 돈 등의 여러 삶의 요소들이 골고루 발전되어
있는 상태를 뜻한다. 아무리 많은 돈을 벌었더라도 건강을 잃게 된다면 성공했다고 할 수 없
다. 그러므로 우리는 진정한 성공을 이루기 위해 삶의 여러 요소를 균형 있게 발전시키려고
노력해야 한다.

1. 다음은 성공이라고 할 수 있을까?

> 일에만 매달려서 쉴 줄 모른다

① 할 수 있다   ② 할 수 없다

2. 다음은 성공이라고 할 수 있을까?

> 많은 돈을 갖고 있지만, 더 많은 돈을 벌기 위해 쉬지 않고 노력한다

① 할 수 있다   ② 할 수 없다

3. 다음은 성공이라고 할 수 있을까?

> 밤낮으로 공부만 하느라 휴식 시간이 없다

① 할 수 있다   ② 할 수 없다

4. 다음은 성공이라고 할 수 있을까?

하루의 일을 끝내고 미소를 띠며 만족스럽게 집으로 돌아간다

① 할 수 있다   ② 할 수 없다

5. 다음은 성공이라고 할 수 있을까?

매일 열정과 기쁨을 가지고 자신의 일을 한다

① 할 수 있다   ② 할 수 없다

6. 다음은 성공이라고 할 수 있을까?

사랑하는 가족들을 볼 생각에 집으로 돌아가는 길이 즐겁다

① 할 수 있다   ② 할 수 없다

7. 다음은 성공이라고 할 수 있을까?

가족들과 저녁을 먹지 못하는 시간이 많다

① 할 수 있다   ② 할 수 없다

8. 다음은 성공이라고 할 수 있을까?

아이의 재롱 잔치에 한 번도 간 적이 없다

① 할 수 있다   ② 할 수 없다

9. 다음은 성공이라고 할 수 있을까?

마음을 터놓고 이야기할 수 있는 친구가 있다

① 할 수 있다   ② 할 수 없다

10. 다음은 성공이라고 할 수 있을까?

> 일에서 뛰어난 성과*를 거두었지만 함께 기뻐할 가족이 없다

① 할 수 있다　　　　　　② 할 수 없다

11. 다음은 성공이라고 할 수 있을까?

> 돈과 명예를 얻었지만 우울증*에 걸렸다

① 할 수 있다　　　　　　② 할 수 없다

12. 다음은 성공이라고 할 수 있을까?

> 주말마다 가족과 즐거운 시간을 보낸다

① 할 수 있다　　　　　　② 할 수 없다

머릿속에
넣기

❶ 사람마다 성공에 대한 정의가 다르다.

❷ 기본적인 성공의 정의는 '즐겁게 생활하고, 자신이 맡은 일을 열심히 하여 사회에 도움을 주는 것'이다.

❸ 진정한 성공은 가족, 친구, 건강, 공부, 일, 휴식, 돈 등의 삶의 모든 요소에서 균형적으로 발전하는 것이다.

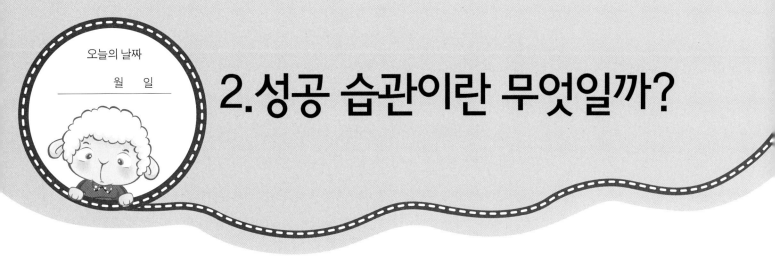

2.성공 습관이란 무엇일까?

습관은 오랫동안 반복하여 자연스럽게 몸에 익힌 행동을 뜻한다. 오른손으로 연필을 잡고, 주말에 늦잠을 자고, 정리 정돈을 잘하는 것을 습관이라고 할 수 있다. 습관을 만드는 것은 그 누구도 아닌 나 자신이며 이러한 습관은 나의 미래를 결정한다. 따라서 미래에 성공할 수 있도록 지금부터 좋은 습관을 가지려고 노력해야 한다.

오늘의
배울거리

습관 씨앗 이야기

한 발명가가 '습관 씨앗'을 발명했다. 습관 씨앗을 심어서 얻은 습관 열매를 먹으면 그 습관을 가지게 되는 것이다. '일찍 일어나기', '계획적으로 공부하기'와 같은 좋은 습관부터 '늦잠 자기', '오늘 할 일을 내일로 미루기'와 같은 나쁜 습관까지, 씨앗의 종류는 다양했다. 습관 씨앗은 불티나게 팔리기 시작했다. 총명이는 '골고루 먹기' 씨앗을 사서 심었고, 우둔이는 '좋아하는 것만 먹기' 씨앗을 사서 심었다.

총명이가 말했다.

"우둔아, 너는 왜 나쁜 습관 씨앗을 샀니? 음식을 골고루 먹지 않으면 키도 안 크고 살만 찌게 될 걸?"

"상관없어. 나쁜 습관이면 어때. 난 채소가 정말 싫어. 이제 내가 좋아하는 고기만 먹을 거야."

며칠 후, 습관 열매가 열렸고 이것을 먹은 총명이와 우둔이는 새로운 습관을 가지게 되었다.

총명이는 고기와 채소를 골고루 먹게 되어 키도 쑥쑥 크고 몸도 건강해졌다.

그리고 항상 힘이 넘쳤기 때문에 밖에서 뛰어노는 것을 좋아하게 되었다.

하지만 우둔이는 자신이 좋아하는 고기만 먹게 되자 점점 살이 쪘고 조금만 몸을 움직여도 쉽게 지쳤다. 운동은커녕 집 밖에 나가는 것조차 귀찮아진 우둔이는 집 안에서만 지내게 되었다.

20년 후, 총명이와 우둔이는 오랜만에 만났다.

활발한 성격으로 자신감이 넘쳤던 총명이는 자신이 바라던 사업에 용감하게 도전하여 성공할 수 있었다. 반면에 항상 피곤해 하며 새로운 일에 도전하는 것을 귀찮아 했던 우둔이는 직업도 없이 부모님에게 얹혀살고[*] 있었다.

총명이와 우둔이는 습관 때문에 행동이 바뀌었고, 성격이 바뀌었으며 결국 인생이 바뀌었다. 총명이는 좋은 습관을 통해 성공한 삶을 살 수 있었지만 우둔이는 나쁜 습관으로 실패한 삶을 살게 되었다. 결국 총명이에게 습관은 성공을 위한 디딤돌[*]이 되었고, 우둔이에게는 성공을 방해하는 걸림돌[*]이 된 것이다.

이렇듯 습관은 우리의 인생이 성공하느냐, 실패하느냐를 결정하는 힘이 있다. 따라서 우리는 나에게 도움이 되는 좋은 습관을 가지도록 노력해야 한다. 그렇다면 습관은 어떻게 만들어지며 무엇이 좋은 습관인지에 대해 알아보자.

● ● ● **낱말 풀이**
얹혀살다 : 남에게 의지하여 붙어
살다
디딤돌 : 어떤 문제를 해결하는 데
도움이 되는 것
걸림돌 : 일을 하는 데 방해가 되는 것

정확하게
읽기

'이것'은 무엇일까?

이것은 우리의 영원한 친구이다. 이것은 우리에게 가장 쓸모 있는 도구가 될 수도 있고 가장 무거운 짐이 될 수도 있다. 이것은 성공의 열쇠가 되기도 하고 실패를 향해 열린 문이 되기도 한다.

이것은 우리의 발전을 돕기도 하고 가로막기도 한다. 이것은 성공한 사람들의 가장 충실한 하인이며 실패한 사람들의 가장 나쁜 주인이기도 하다. 이것은 성공과 실패, 득과 실[*]을 결정하기도 한다.

만약 이것을 잘 훈련시키고 잘 키운다면 우리는 인생을 멋지게 살 수 있다. 하지만 아무렇게나 내버려 두고 오히려 이것의 노예가 된다면 우리는 인생을 망치게 된다.

● ● ● **낱말 풀이**
득과 실 : 얻는 것과 잃는 것

우리의 성공과 실패를 결정하고, 발전을 돕거나 막을 수 있으며, 우리의 인생을 멋지게 만들 수도 있고 망칠 수도 있는 '이것'은 무엇일까? 그리고 '이것'을 어떻게 다루어야 성공할 수 있을까?

1. 이것은 무엇일까?

① 운명　　　② 기회　　　③ 실패　　　④ 습관

2. 이것은 인생의 어느 단계에 함께할까?

① 어린 시절　② 청년 시절　③ 중년* 시절　④ 평생

3. 이것은 성공한 사람들에게 무엇일까?

① 가장 좋은 친구　　　　② 가장 좋은 이웃

③ 가장 좋은 주인　　　　④ 가장 좋은 하인

4. 이것은 실패한 사람들에게 무엇일까?

① 가장 나쁜 손님　　　　② 가장 나쁜 하인

③ 가장 나쁜 친구　　　　④ 가장 나쁜 주인

5. 이것을 어떻게 다스려야 아름다운 인생을 살 수 있을까? (모두 선택)

① 이것을 꼭 쥐어야 한다　　② 이것에 적응*해야 한다

③ 이것을 잘 키워야 한다　　④ 이것을 내버려 두어야 한다

⑤ 이것을 묶어 두어야 한다　⑥ 이것을 훈련시켜야 한다

승주의 습관 만들기

승주의 아침은 항상 엄마의 고함 소리로 시작되었다. 지금 일어나지 않으면 지각이니까 일어나라는 엄마와 5분만 더 자겠다는 승주 사이의 전쟁은 언제나 승주의 승리로 끝났다.

그러던 어느 날, 승주의 늦잠 자는 버릇을 고쳐 놓겠다고 다짐한 엄마는 등교

시간이 다 되도록 승주를 깨워 주지 않았다. 실컷 자고 일어난 승주는 놀라서 소리쳤다.

"벌써 9시잖아. 엄마, 왜 나를 깨워 주지 않았어요? 지금 서둘러 봤자 지각이잖 아요!"

"언제까지고 엄마가 깨워 줄 수는 없잖니. 이제부터 네 스스로 일어나도록 하 렴."

아침밥도 먹지 않고 헐레벌떡 학교로 뛰어갔지만 이미 1교시가 시작한 후였 다. 한창 수업 중인 교실에 들어가면서 게으름을 피운 자신이 부끄러워진 승 주는 앞으로 다시는 늦잠을 자지 않겠다고 다짐했다.

그날 밤, 매일 늦게까지 TV를 보느라 12시가 넘어서야 잠이 들었던 승주는 10시에 잠자리에 들었다. 다음 날 아침, 자신이 맞추어 놓은 알람 소리에 눈을 떴다. 그리고 한 달 동안 계속 같은 시간에 자고 같은 시간에 일어나려고 노력 했다. 승주가 좋아하는 쇼 프로그램과 드라마는 모두 밤 10시 이후에 하는 것 들이었으므로 TV의 유혹을 떨쳐 내는 것은 힘들었다. 추운 겨울 아침에 따뜻 한 이불 속에서 밖으로 나오는 것 역시 어려운 일이었다. 하지만 이런 어려움을 모두 이겨 내면서 한 달을 보내자, 승주는 알람이 울리기도 전에 스스로 일어날 수 있게 되었다. 아침에 일찍 일어나는 습관을 가지게 된 것이다.

실을 한 올* 한 올 엮어 튼튼한 밧줄을 만들듯이 같은 행동을 매일 반복하면 쉽 게 변하지 않는 습관을 만들 수 있다. 이렇게 습관을 만드는 과정은 어렵지만 한 번 만들어 놓으면 따로 생각하지 않아도 저절로 그 행동을 할 수 있게 된다. 과학적인 연구에 따르면 한 사람의 행동 중 95%는 습관적인 것이라고 한다. 그만큼 습관은 우리의 삶에 많은 영향*을 준다. 승주가 늦잠 자는 습관을 가지 고 있을 때는 학교에 지각하고 선생님의 꾸중도 들었을 것이다. 하지만 일찍 일어나는 습관을 가지게 되면서 지각도 하지 않고 아침 시간을 더 유익하게 보내게 되었을 것이다.

이렇게 좋은 습관을 가지기로 하면 좋은 결과를 얻게 되고 나쁜 습관을 가지 기로 하면 나쁜 결과를 얻게 된다. 따라서 우리는 승주처럼 나에게 도움이 되

● ● ● **낱말 풀이**
올 : 실이나 줄을 세는 단위
영향 : 어떤 사물의 효과나 작용이 다른 것에 미치는 일
지식 : 어떤 대상에 대하여 배우거 나 실천을 통하여 알게 된 명확한 인식이나 이해

는 좋은 습관은 키우고 나쁜 습관은 고쳐서 성공하는 인생을 만들어야 한다.

기억하며 풀기

● ● ● **낱말 풀이**

분석 : 복잡한 것을 풀어서 단순한
요소로 나눔

승주의 이야기를 통해 습관을 만드는 방법에 대해 배울 수 있었다. 우리는 좋은 습관을 만드는 과정에서 많은 어려움을 겪게 될 것이다. 하지만 그것을 이겨 냈을 때 얻게 되는 좋은 습관은 나를 성공으로 이끄는 튼튼한 밧줄이 되어 준다는 사실을 잊지 말자.

1. 습관은 어떻게 하면 만들어질까?

　① 끊임없이 반복적으로 생각한다　　② 끊임없이 반복적으로 연습한다

　③ 끊임없이 반복적으로 연구한다　　④ 끊임없이 반복적으로 분석*한다

2. 습관에는 어떤 특징이 있을까? (모두 선택)

　① 쉽게 변화할 수 없다　　　　② 깊이 생각해서 행동하는 것이다

　③ 어려운 것을 알기 쉽게 해 준다　　④ 쉽게 사라진다

　⑤ 생각이 필요 없다

3. 우리의 행동 중에 몇 %가 습관의 영향을 받을까?

　① 35%　　　② 55%　　　③ 75%　　　④ 95%

4. 우리는 하나의 습관을 선택할 때 무엇을 함께 선택하게 될까?

　① 그것이 가져다주는 기회　　　② 그것이 가져다주는 결과

　③ 그것이 가져다주는 고통　　　④ 그것이 가져다주는 재산

5. 우리는 습관을 어떻게 다루어야 할까? (모두 선택)

　① 좋은 습관을 분석한다　　　② 좋은 습관을 없앤다

　③ 나쁜 습관을 고친다　　　　④ 좋은 습관을 키운다

　⑤ 좋은 습관을 통제*한다　　　⑥ 나쁜 습관을 연구한다

● ● ● **낱말 풀이**

통제 : 일정한 계획이나 목적에 따
라 행동을 제한함

6. 저금하는 습관이 없는 사람은 결국 어떻게 될까?

① 성공한다   ② 부자가 된다

③ 큰 행운을 얻는다   ④ 가난해진다

● ● ● **낱말 풀이**

낭비 : 시간, 돈 등을 헛되게 씀

7. 시간을 낭비*하는 습관이 있는 사람은 결국 어떻게 될까?

① 아무 일도 이루지 못한다   ② 성공한다

③ 다른 사람을 이긴다   ④ 다른 사람들이 좋아하는 사람이 된다

● ● ● **낱말 풀이**

날리다 : 명성을 떨치다

8. 절대 포기하지 않는 습관이 있는 사람은 결국 어떻게 될까?

① 실패한다   ② 많은 사람 가운데 뛰어난 인물이 된다

③ 목적을 이룬다   ④ 세상에 이름을 날린다*

9. 다음 중 습관의 영향을 받는 것은 무엇일까? (모두 선택)

① 사업   ② 믿음   ③ 건강   ④ 친구 사귀기   ⑤ 학습   ⑥ 돈

10. 내가 가진 좋은 습관과 나쁜 습관은 무엇인지 생각해 보자.

정확하게
읽기

습관은 바꿀 수 있을까?

아래의 동작을 여러 번 반복하면서 자신의 행동을 관찰해 보자.

• 수업 시간에 선생님께 질문하기 위해 손을 든다. 주로 어느 쪽 손을 드는지 확인해 보자.

• 손가락 깍지를 낀다. 주로 어느 쪽 엄지손가락이 위에 놓이는지 확인해 보자.

• 친구와 나란히 서서 걷는다. 주로 어느 쪽에 서는지 확인해 보자.

• 팔짱을 낀다. 주로 어느 쪽 손이 위에 놓이는지 확인해 보자.

• 양치질을 한다. 주로 어느 쪽 이부터 닦는지 확인해 보자.

- 박수를 친다. 주로 어느 쪽 손으로 어느 쪽 손을 치는지 확인해 보자.
- 친구들과 축구를 한다. 주로 어느 쪽 발로 공을 차는지 확인해 보자.

우리는 수업 시간에 손을 들 때 '오른손을 들어야지'라고 생각한 후 손을 들지 않는다. 손가락 깍지를 낄 때 '왼손 엄지손가락을 위에 두어야지'라고 생각한 후 깍지를 끼지도 않는다. 이런 행동은 어떻게 해야겠다는 생각을 하지 않아도 자동적으로 하게 된다.

이렇게 따로 생각하지 않고 자동적으로 하게 되는 행동이 습관이다. 습관은 수없이 반복된 행동이 굳어진 것으로 한 번 만들어지면 쉽게 바뀌지 않는다. 예를 들어 '오늘부터 왼손을 써야지'라고 마음먹은 오른손잡이가 있다고 하자. 이 사람이 100% 성공할 확률은 얼마나 될까? 아마도 실천한 지 얼마 되지 않아 오른손을 사용하는 모습을 발견할 수 있을 것이다.

이렇듯 습관은 한 번 굳어지면 바꾸기 힘들기 때문에 처음부터 좋은 습관을 가지는 것이 중요하다. 잘 만든 좋은 습관 하나가 평생 내 삶에 도움이 될 것이기 때문이다.

기억하며
풀기

습관은 한 번 굳어지면 바꾸기 힘들기 때문에 처음부터 좋은 습관을 가지는 것이 중요하다. 다음의 문제를 통해 좋은 습관과 나쁜 습관을 구별하는 연습을 해 보고, 생활 속에서 좋은 습관을 가질 수 있도록 노력하자.

1. 다음은 좋은 습관일까? 나쁜 습관일까?

꼼꼼하지 못하다

① 좋은 습관   ② 나쁜 습관

2. 다음은 좋은 습관일까? 나쁜 습관일까?

우유부단*하다

① 좋은 습관   ② 나쁜 습관

● ● ● ● **낱말 풀이**

우유부단 : 망설이기만 하고 결단성이 없음

3. 다음은 좋은 습관일까? 나쁜 습관일까?

시간을 질질 끈다

① 좋은 습관   ② 나쁜 습관

4. 다음은 좋은 습관일까? 나쁜 습관일까?

빈틈* 없다

① 좋은 습관   ② 나쁜 습관

● ● ● **낱말 풀이**
빈틈 : 허술하거나 부족한 점

5. 다음은 좋은 습관일까? 나쁜 습관일까?

갖고 싶은 물건은 다 산다

① 좋은 습관   ② 나쁜 습관

6. 다음은 좋은 습관일까? 나쁜 습관일까?

독서를 한다

① 좋은 습관   ② 나쁜 습관

7. 다음은 좋은 습관일까? 나쁜 습관일까?

다른 사람에게 관심을 갖는다

① 좋은 습관   ② 나쁜 습관

8. 다음은 좋은 습관일까? 나쁜 습관일까?

늘 지각한다

① 좋은 습관   ② 나쁜 습관

9. 다음은 좋은 습관일까? 나쁜 습관일까?

글씨를 성의 없이 쓴다

① 좋은 습관   ② 나쁜 습관

10. 다음은 좋은 습관일까? 나쁜 습관일까?

능동적*이다

① 좋은 습관   ② 나쁜 습관

11. 다음은 좋은 습관일까? 나쁜 습관일까?

끊임없이 새로운 것을 창조*한다

① 좋은 습관   ② 나쁜 습관

12. 다음은 좋은 습관일까? 나쁜 습관일까?

주변을 깨끗하게 정리한다

① 좋은 습관   ② 나쁜 습관

13. 다음은 좋은 습관일까? 나쁜 습관일까?

잘난 체한다

① 좋은 습관   ② 나쁜 습관

14. 다음은 좋은 습관일까? 나쁜 습관일까?

우물쭈물*한다

① 좋은 습관   ② 나쁜 습관

15. 다음은 좋은 습관일까? 나쁜 습관일까?

> 운동을 좋아한다

① 좋은 습관 　　　　　　　② 나쁜 습관

16. 다음은 좋은 습관일까? 나쁜 습관일까?

> 규칙*을 지킨다

① 좋은 습관 　　　　　　　② 나쁜 습관

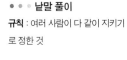

정확하게
읽기

성공하는 사람들의 7가지 습관

우리는 앞의 이야기에서 습관이 우리의 성공과 실패를 결정한다는 것을 배울 수 있었다. 따라서 좋은 습관이 무엇인지를 알고 그것을 나의 습관으로 만드는 것이 중요하다. 성공학 박사 스티븐 코비는 자신의 경험을 바탕으로 성공하는 사람들이 공통적으로 가지고 있는 7가지 습관을 정리했다.

1) 첫 번째 습관: 자신의 삶을 주도*하자

내 삶의 주인은 부모님이나 친구가 아닌 바로 나다. 따라서 내 삶에서 일어나는 일들은 내가 선택하고 그 결과도 내가 책임을 져야 한다.

2) 두 번째 습관: 분명한 목표를 세우자

무작정* 열심히 해서는 성공할 수 없다. 무엇이 하고 싶은지, 무엇이 되고 싶은지를 분명하게 정하고 그것을 이루기 위해 무엇을 해야 하는지 알아야 한다. 이렇게 구체적인 목표를 차근차근 달성*하면 자신이 원하는 성공을 이룰 수 있다.

3) 세 번째 습관: 중요한 일부터 먼저 하자

우리에게 주어진 시간과 우리가 쓸 수 있는 에너지는 한정*되어 있다. 그러므로 해야 할 일들을 중요한 순서대로 늘어놓고, 가장 중요한 일부터 먼저 해야 한다.

4) 네 번째 습관: 나도 이기고 상대방도 이기는 관계를 만들자

성공이란 누군가를 이겨서 얻는 것이 아니다. 다른 사람을 존중하고 서로 도움을 주고받으면서 나도 이기고 상대방도 이겼을 때 비로소 성공했다고 할 수 있다.

5) 다섯 번째 습관: 소통하자

소통이란 사람들이 서로의 정보, 지식, 생각 혹은 감정을 주고받는 것이다. 원활한 소통의 첫 단계는 경청*을 통해 상대방을 이해하는 것이고 두 번째는 그 사람에게 맞는 방법으로 나를 이해시키는 것이다.

6) 여섯 번째 습관: 협력하자

사람은 혼자서 모든 것을 다 잘할 수 없다. 내가 잘할 수 있는 것으로 다른 사람에게 도움을 주고, 내가 못하는 것은 다른 사람의 도움을 받아야 한다. 그러면 혼자서 일할 때보다 더욱 큰 수확*을 얻을 수 있다.

7) 일곱 번째 습관: 균형적으로 발전하자

신체, 두뇌, 감정, 정신을 균형적으로 발전시켜야 한다.

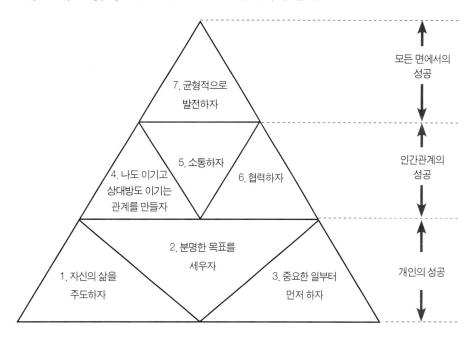

성공하는 사람들의 7가지 습관에는 순서가 있다. 먼저 나의 내면*에서부터 좋은 습관을 가지려고 노력하여 '나'의 성공을 이루어야 한다. 그 후 나의 바깥에 있는 다른 사람과의 관계에서 좋은 습관을 가지고 성공해야 한다. 이렇게 나 자신과 다른 사람과의 관계에서 좋은 습관을 가졌다면, 신체, 두뇌, 감정, 정신

● ● ● **낱말 풀이**
경청: 귀를 기울여 들음
수확: 어떤 일을 하여 얻은 성과
내면: 밖으로 드러나지 않는 사람의 속마음

의 모든 면이 균형적으로 발전하도록 노력해야 한다.

이 책에서는 앞서 소개한 성공하는 사람들의 7가지 습관을 하나하나 자세히 살펴보고 어떻게 해야 좋은 습관을 가지고 성공할 수 있는지에 대하여 자세히 알아볼 것이다.

기억하며 풀기

마이크로 소프트의 창업자인 빌게이츠는 '다른 사람의 좋은 습관을 내 습관으로 만든다'고 했다. 우리도 성공하고 싶다면 성공한 사람들의 습관을 내 것으로 만들어야 한다. 그러므로 좋은 습관이 무엇인지 아는 것이 성공의 첫걸음이라고 할 수 있다.

1. 성공하는 사람들의 습관에는 어떤 순서가 있을까?

① 아래에서 위로　　　　　② 안에서 밖으로

③ 밖에서 안으로　　　　　④ 위에서 아래로

2. 다음 중 개인이 성공을 이루기 위해 가져야 할 습관은 무엇일까? (모두 선택)

① 자신의 삶을 주도하자　② 분명한 목표를 세우자

③ 중요한 일을 먼저 하자　④ 나도 이기고 상대방도 이기는 관계를 만들자

⑤ 소통하자　　　　　　　⑥ 협력하자

⑦ 균형적으로 발전하자

3. 다음 중 인간관계에서 성공을 이루기 위해 가져야 할 습관은 무엇일까?
(모두 선택)

① 자신의 삶을 주도하자　② 분명한 목표를 세우자

③ 중요한 일을 먼저 하자　④ 나도 이기고 상대방도 이기는 관계를 만들자

⑤ 소통하자　　　　　　　⑥ 협력하자

⑦ 균형적으로 발전하자

머릿속에 넣기

① 습관이란 오랫동안 반복하여 자연스럽게 몸에 익힌 행동을 뜻한다.

② 좋은 습관은 성공의 디딤돌이 되지만 나쁜 습관은 성공의 걸림돌이 된다.

③ 한 사람이 하나의 습관을 선택할 때 그 습관을 가졌을 때의 결과도 선택하게 된다.

④ 우리는 좋은 습관을 키우고 나쁜 습관을 고쳐야 한다.

⑤ 성공하는 사람들의 습관은 자신의 내면을 변화시킨 후에 다른 사람과의 관계를 변화시킨다.

⑥ 성공하는 사람들의 7가지 습관

1. 자신의 삶을 주도하자

2. 분명한 목표를 세우자

3. 중요한 일부터 먼저 하자

4. 나도 이기고 상대방도 이기는 관계를 만들자

5. 소통하자

6. 협력하자

7. 균형적으로 발전하자

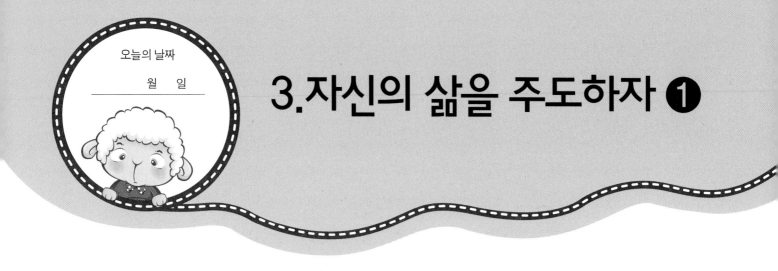

3.자신의 삶을 주도하자 ❶

성공하는 사람들의 7가지 습관 중 첫 번째는 자신의 삶을 주도하는 것이다. '주도'란 내가 내 삶의 진정한 주인이 되어 어떻게 생각하고 행동할지 스스로 정한다는 뜻이다. 다른 사람이 자신의 일을 대신 해 주기를 바라지 않고 스스로 해내려고 하는 주도성을 가지는 사람만이 자신의 분야에서 성공할 수 있다.

식물 당번이 된 민지와 지은이

민지의 반에서는 식물 당번을 뽑아 방울토마토 모종*을 키우기로 했다. 제비뽑기*로 식물 당번이 된 민지와 지은이는 직접 모종을 심고 키우기 시작했다. 매일 물을 주고 관찰 일기를 쓰는 것은 조금 귀찮은 일이지만, 민지는 이왕 하게 된 일이니까 모종을 잘 키워서 방울토마토가 많이 열리게 하겠다고 다짐했다. 민지는 모종이 얼마나 자랐는지 매일 관찰하여 기록하고, 어떻게 해야 더 많은 열매가 열릴지 공부하여 거름*을 뿌렸다. 햇볕이 쨍쨍한 날에는 운동장 옆 화단에 두었다가 비가 오는 날에는 교실 안으로 옮겨 두기도 했다. 방울토마토 모종의 키가 쑥쑥 자라고 꽃이 피는 것을 보면서 민지는 열매가 열릴 날만을 기다렸다.

하지만 지은이는 달랐다. 어쩔 수 없이 하게 된 일이었으므로 식물 당번이 귀찮게만 느껴졌다. 민지처럼 어떻게 하면 더 많은 열매를 얻을 수 있을지 고민하지 않았고, 선생님이 시키신 일만 했다. 시간이 지나자 가끔 물을 주는 것을 잊었고 관찰 일기도 대충 쓰게 되었다. 그리고 빨리 열매가 열려서 식물 당번이 끝났으면 좋겠다는 생각만 했다.

● ● ● **낱말 풀이**

모종 : 옮겨 심으려고 가꾼 벼 이외의 온갖 어린 식물

제비뽑기 : 여럿 가운데 어느 하나를 골라잡게 하여 거기에 미리 적어 놓은 기호나 글에 따라 승부나 차례 등을 결정하는 일

거름 : 식물이 잘 자라도록 땅을 기름지게 하기 위하여 주는 물질

얼마 후, 방울토마토가 열린 두 화분은 한눈에 보기에도 너무 달랐다. 민지의 모종에서는 먹음직스러운 방울토마토가 주렁주렁 열렸지만, 지은이의 모종에는 크기가 훨씬 작은 방울토마토가 드문드문* 열렸다.

식물 당번이 끝난 후 두 친구의 모습에도 차이가 있었다. 방울토마토를 키우면서 즐거움과 보람을 느꼈던 민지는 집에서도 다른 모종을 키우기 시작했다. 하지만 지은이는 식물 당번이 끝난 후 다시는 어떤 식물도 키우지 않았다.

민지와 지은이는 식물 당번이 되는 것을 선택할 수 없었다. 하지만 식물 당번이 된 후 어떻게 행동할지에 대해서는 선택할 수 있었다. 열심히 방울토마토를 키워 보겠다고 다짐한 민지에게 식물 당번은 누가 시켜서 억지로 하는 일이 아니었다.

우리는 어떤 상황에서든 자신에게 선택의 자유가 있다는 것을 알아야 한다. 어쩔 수 없이 맡게 되는 일이라도 그것을 어떻게 받아들이느냐는 내가 결정할 수 있다. 나에게 일어나는 일들에 대한 태도*를 내가 선택한다면, 나는 내 삶의 진정한 주인이 될 수 있다.

● ● ● 낱말 풀이
드문드문 : 꽉 차지 않고 사이가 떨어져 있는 모양
태도 : 어떤 사물이나 상황을 대하는 자세

"내가 화가 나지 않게 할 수 있어요."

청각 장애*를 가진 아이들이 다니는 학교에서 두 학생 사이에 작은 소란*이 있었다. 이 소식을 듣고 급하게 뛰어온 선생님은 두 학생의 모습을 보고 어떤 상황인지 이해할 수 없었다. 한 아이는 다른 아이에게 등을 돌린 채 싱글벙글 웃으면서 서 있었는데 다른 아이는 얼굴이 빨갛게 달아오른 채 씩씩거리며 화를 내고 있었기 때문이다. 도무지 무슨 일인지 알 수 없었던 선생님은 수화*로 웃고 있는 아이에게 물었다.

"지금 네 친구가 몹시 화난 것 같구나. 그런데 너는 웃고 있네. 무슨 일이 있었던 거니?"

그러자 그 아이는 수화로 답했다.

"제가 지나가다가 저 아이의 발을 살짝 밟았어요. 저는 바로 사과했지만 저 아이는 화가 풀리지 않는 모양이에요. 그래서 지금 저에게 욕을 하고 있는 것 같

● ● ● 낱말 풀이
청각 장애 : 소리를 귀로 듣지 못하는 것
소란 : 시끄럽고 어수선함
수화 : 청각 장애인과 언어 장애인들이 말을 대신하여 몸짓이나 손짓으로 표현하는 방법

아요. 하지만 저는 저 아이가 욕하는 것을 보지 않기로 했어요. 그럼 저도 화가 날 것이고 그렇게 되면 싸우게 될 테니까요. 저는 저 아이가 화내는 것을 막을 수는 없지만, 제가 화가 나지 않게 할 수는 있어요."

우리는 새가 나의 머리 위를 날아가는 것을 막을 수는 없지만 내 머리 위에 둥지를 트는 것은 막을 수 있다. 다른 사람이 나를 나무라는* 것을 막을 수는 없지만 나의 눈을 돌려 맑은 하늘을 바라볼 수는 있다.

이렇듯 우리는 다른 사람의 행동이나 태도를 바꿀 수는 없지만 나의 행동과 태도는 바꿀 수 있다. 따라서 내가 할 수 있는 일이 무엇이고, 할 수 없는 일이 무엇인지를 구별*할 줄 알아야 한다. 왜냐하면 할 수 있는 일이 무엇인지 아는 것도 '나'이고, 그것을 하기로 결정하는 것도 '나'이기 때문이다.

기억하며 풀기

선택의 자유란 내가 할 수 없는 일이 아니라 내가 할 수 있는 일을 선택할 수 있는 자유를 뜻한다. 우리는 화를 내고 있는 친구를 멈추게 할 수는 없지만, 화를 내는 친구를 바라보지 않기로 하여 나의 마음이 상하는 것은 막을 수 있다.

1. 두 아이 사이에서 일어난 일은 무엇일까?

　　① 오해　　　　② 화해　　　　③ 소란　　　　④ 사과

2. 두 아이의 표정은 어땠을까?

　　① 서로 반대된다　　　　　　　　② 서로 비슷하다
　　③ 똑같다　　　　　　　　　　　④ 알 수 없다

3. 한 아이는 왜 웃고 있었을까?

　　① 욕하는 모습을 보지 않기로 했기 때문에　② 수화를 모르기 때문에
　　③ 다투기 싫었기 때문에　　　　　　　　④ 마음이 넓기 때문에

4. 이 이야기에서 배울 수 있는 점은 무엇일까?

　　① 어떤 상황에서 우리는 그 일에 대한 반응을 선택할 수 없다

　　② 모든 상황에서 우리는 그 일에 대한 반응을 선택할 수 없다

　　③ 어떤 상황에서 우리는 그 일에 대한 반응을 선택할 수 있다

　　④ 모든 상황에서 우리는 그 일에 대한 반응을 선택할 수 있다

정확하게
읽기

마지막 순간까지 가질 수 있었던 자유

제2차 세계 대전* 때, 심리학자 빅터 프랭클은 유태인*이라는 이유로 나치*의 강제 수용소*에 수감*되었다. 굶주림에 시달리고 추위에 떨었던 그는 가족을 잃게 되면서 매일 죽음에 대한 공포 속에서 살아야 했다. 이렇게 온갖 고난*을 겪으며 살아가는 그에게 '자유'란 없어 보였다. 강제 수용소에 있는 다른 사람들은 이러한 환경에 굴복*하여 삶을 포기하고 있었다.

하지만 빅터 프랭클은 달랐다. 자신의 몸은 수용소 안에서 구속*받고 있지만 생각은 자유롭게 할 수 있다는 사실을 알게 되었기 때문이다. 그는 수용소 안에서 죽음을 기다리기보다 희망을 가지기로 했다. 수용소에서 석방*되었을 때 어떤 일을 하며 지낼지에 대해 생각하면서 마음에 자유를 얻기 시작했다.

결국 그는 자신이 상상했던 대로 무사히 석방되었고, 학생들에게 자신이 수용소에서의 경험을 통해 배운 것을 가르치는 일을 하면서 살아가게 되었다.

우리는 살아가면서 다양한 일들을 겪게 된다. 친구와 오해가 생겨서 싸울 수도 있고, 교통사고를 당해 다칠 수도 있다. 이미 일어난 일은 돌이킬 수 없지만 그 일에 대한 나의 태도는 바꿀 수 있다. 친구와 싸운 경우, 그동안 친구들을 기분 나쁘게 했던 말이나 행동이 무엇인지 알아보고 반성하는 기회로 삼을 수 있다. 그리고 교통사고를 당한 경우, 건강한 몸이 얼마나 중요한지 알고 지금보다 더 차를 조심하자고 다짐할 수 있다.

이렇게 우리는 자신이 바꿀 수 없는 사실에 대하여 어떻게 반응할지는 선택할 수 있다. 이것이 바로 빅터 프랭클이 강제 수용소에서 거의 모든 자유를 잃었을 때에도 마지막 순간까지 가지고 있었던 자유다.

● ● ● 낱말 풀이

제2차 세계 대전 : 1939년에 독일이 폴란드를 공격하면서 시작되어 1945년 독일의 항복으로 끝난 전쟁

유태인 : 이스라엘 사람

나치 : 1933년부터 1945년까지 독일의 정권을 장악한 정당

강제 수용소 : 많은 사람을 강제로 모아 넣은 곳

수감 : 사람을 교도소에 가두어 넣음

고난 : 괴로움과 어려움

굴복 : 힘이 모자라서 남의 의견을 따름

구속 : 행동이나 생각을 자유롭게 할 수 없게 막는 것

석방 : 법에 의하여 구속하였던 사람을 풀어 자유롭게 하는 일

빅터 프랭클은 강제 수용소에서 생활하면서 신체의 자유를 잃고 배고픔과 추위에 떨며 지냈다. 하지만 그는 삶을 포기하는 대신 살아서 돌아갈 수 있다는 희망을 가졌고 결국 무사히 석방되어 자신이 원하는 삶을 살 수 있었다. 이렇듯 어려운 상황에 처하더라도 긍정적인 태도를 가질 수 있다면 그 어려움을 이겨 낼 수 있다.

1. 빅터 프랭클은 강제 수용소에서 어떤 자유를 가질 수 있었을까?

① 자유롭게 출입*할 수 있었다　② 대담하게 상상할 수 있었다

③ 삶의 태도를 결정할 수 있었다　④ 종교를 가질 수 있었다

● ● ● **낱말 풀이**
출입 : 어떤 곳에 들어갔다 나왔다 하는 것

2. 빅터 프랭클은 강제 수용소에서 어떻게 행동하기로 했을까?

① 도망치려고 했다

② 적극적으로 다른 사람을 도와주려고 했다

③ 다른 사람들이 긍정적*으로 생각할 수 있도록 도와주려고 했다

④ 역경*을 긍정적으로 바라보려고 했다

● ● ● **낱말 풀이**
긍정적 : 옳다고 인정하는 것
역경 : 일이 순조롭지 않아 매우 어렵게 된 처지나 환경

3. 빅터 프랭클은 강제 수용소에서의 생활을 어떻게 견뎌 냈을까?

① 이미 세상을 떠난 가족들을 그리워하면서 견뎌 냈다

② 석방된 후에 무엇을 할지 상상하면서 견뎌 냈다

③ 왜 자신이 수용소에 있는지 궁금해 하면서 견뎌 냈다

④ 강제 수용소에서 겪고 있는 고통을 기억하면서 견뎌 냈다

4. 사람이 모든 자유를 잃은 것 같은 때에도 마지막까지 가질 수 있는 자유는 무엇일까?

① 자신의 행동을 결정할 자유　② 자신의 생각을 결정할 자유

③ 자신의 감정을 결정할 자유　④ 자신의 미래를 결정할 자유

5. 빅터 프랭클이 수용소에서의 생활을 다른 사람들과 다르게 받아들일 수 있
  었던 것은 무엇 때문일까?

  ① 자라 온 환경   ② 풍부한 지식

  ③ 과거의 경험   ④ 긍정적인 태도

정확하게
읽기

희정이의 하루

아침 7시, 희정이는 침대에 누워 5분만 더 잘 것인지 바로 일어날 것인지를 고
민했다. 바로 일어나기로 결정한 희정이는 씻은 후에 밥을 먹을지 밥을 먹고
씻을지를 고민하다가 씻고 나서 밥을 먹기로 했다. 욕실에 들어간 희정이는
세수를 할지 머리부터 감을지 고민한 후 머리부터 감기로 했다. 씻고 나온 희
정이는 새로 산 초록색 원피스를 입을지 제일 좋아하는 노란색 원피스를 입을
지 고민하다가 초록색 원피스를 입기로 했다. 아침 식사를 하기 위해 식탁 앞
에 앉은 희정이는 밥을 먹을지 간단하게 우유를 마실지 고민한 후 밥을 먹기
로 했다.

학교를 가기 위해 집을 나선 희정이는 길 건너에 있는 미진이를 발견하고는
빨리 뛰어가서 미진이와 함께 갈지 혼자서 느긋하게 걸어갈지 고민하다가 혼
자 가기로 결정했다. 학교에 도착한 희정이는 수업 시간 전까지 자리에 앉아
서 공부를 할지, 친구들과 어제 본 TV 프로그램 이야기를 할지 고민한 후 친구
들과 함께 놀기로 했다.

수업이 끝난 후 집으로 돌아가면서 미진이와 함께 도서관에 갈지 집으로 바
로 갈지 고민하다가 미진이와 함께 도서관에 가기로 결정했다. 도서관에 도착
한 희정이는 소설책을 빌릴지 역사책을 빌릴지 고민하다가 소설책을 빌리기
로 했다.

집에 돌아온 희정이는 숙제를 할지 빌려 온 책을 읽을지 고민한 후 숙제를 먼
저 하고 책을 읽기로 했다. 밤 10시, 희정이는 TV를 좀더 볼 것인지 바로 잘 것
인지 고민하다가 바로 자기로 결정하고 잠자리에 들었다.

희정이의 하루를 보면 알 수 있듯이 우리의 하루와 일생은 선택의 연속이고

기억하며 풀기

지금 무엇을 선택하는가에 따라서 결과가 달라진다. 마치 자신이 시나리오[*]를 쓰고 연출[*]하여 주인공이 된 드라마를 만드는 것과 같다. 자신이 선택한 대로 행동하고, 그 행동에 따라 미래가 달라지기 때문이다. 그러므로 성공적인 미래를 만들기 위해서는 모든 선택을 신중하게[*] 해야 한다.

우리가 살아가는 하루하루는 선택의 연속이다. 내가 옳은 선택을 하면 좋은 결과를 얻고, 잘못된 선택을 하면 나쁜 결과를 얻는다. 그러므로 나의 삶에서 내가 선택할 수 있는 것이 무엇인지 알고 올바른 선택을 하도록 노력해야 한다.

1. 우리는 살아가면서 어떤 선택권[*]을 가지고 있을까? (모두 선택)

　　① 어떤 친구를 사귈 것인지 선택할 권리

　　② 어떤 연극을 볼 것인지 선택할 권리

　　③ 누구와 이야기를 할 것인지 선택할 권리

　　④ 옷을 어떻게 입을 것인지 선택할 권리

　　⑤ 어떤 책을 볼 것인지 선택할 권리

　　⑥ 무슨 말을 할 것인지 선택할 권리

　　⑦ 어디 가서 놀 것인지 선택할 권리

　　⑧ 어떤 노래를 들을 것인지 선택할 권리

2. 인생을 영화에 비유한다면 우리의 역할은 무엇일까? (모두 선택)

　　① 관객[*]　　　② 연출가　　　③ 시나리오 작가　　　④ 배우

3. 오늘의 선택은 무엇을 결정할까?

　　① 과거　　　② 현재　　　③ 미래　　　④ 일생[*]

4. 우리는 중요한 선택을 하기 전에 어떻게 해야 할까? (모두 선택)

① 다른 사람에게 피해를 주는지 생각해 본다

② 어떤 효과가 있을지 생각해 본다

③ 나쁜 결과에 대해 생각해 본다

④ 자신에게 어떤 영향을 미치는지 생각해 본다

⑤ 자신이 원하는 결과가 무엇인지 생각해 본다

⑥ 냉정*하게 생각해 본다

⑦ 다른 사람에게 결정할 기회를 준다

⑧ 오랫동안 연구해 본다

● ● ● **낱말 풀이**

냉정 : 생각이나 행동이 감정에 좌우되지 않고 침착함

5. 나의 삶에는 어떤 선택의 자유가 있을까? 자신의 생각을 자유롭게 써 보자.

머릿속에 넣기

❶ '선택의 자유'를 가진 사람이 자신의 삶을 주도할 수 있다.

❷ 사람이 모든 자유를 잃은 것 같은 때에도 마지막까지 가질 수 있는 자유는 자신의 태도를 선택하는 것이다.

❸ 인생은 선택의 연속으로 지금 어떤 선택을 하느냐에 따라서 미래가 결정된다.

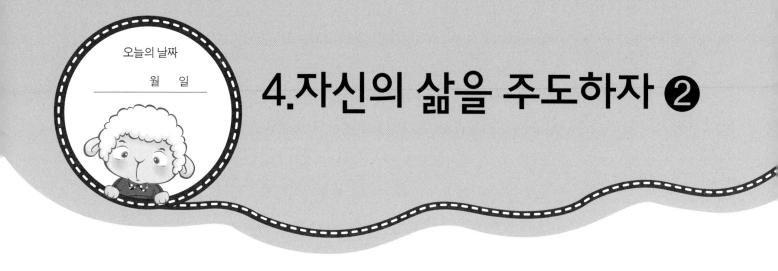

4.자신의 삶을 주도하자 ❷

오늘의 날짜

_____ 월 일

성공, 기회, 행복은 누가 가져다주는 것일까? 그런 것들을 얻기 위해서 나는 아무것도 하지 않고 기다리기만 하면 되는 것일까? 그렇지 않다. 성공, 기회, 행복과 같이 값진 것들은 그것을 얻기 위해 적극적으로 노력하는 사람들만이 가질 수 있다. 이번 장에서는 어려움을 이겨 내고 성공하기 위해서 어떤 노력을 해야 하는지 배워 볼 것이다.

오늘의
배울거리

수줍음을 극복하고 사람들의 사랑을 받게 된 버나드 쇼

사람들 앞에만 서면 부끄러워서 말도 제대로 못하고 얼굴만 붉히는 소년이 있었다. 다른 사람에게 먼저 말을 걸지도 못했고, 누군가 말을 걸어오면 대답만 할 뿐 이야기를 계속 이어 가지 못했다. 이런 성격 탓에 함께 어울릴 친구도 하나 없이 집에서 외롭게 지내는 날이 많았다.

그러던 어느 날, 소년은 누군가가 먼저 다가와 주길 바라고 수줍은 성격을 이해해 주길 바랐던 자신의 태도가 잘못되있다는 것을 깨달았나. 그리고 평생 혼자서 외롭게 살지 않으려면 자신이 먼저 바뀌어야 한다고 생각했다. 소년은 용기를 내어 다른 사람에게 먼저 다가가기로 결심했다.

다음 날부터 소년은 만나는 사람에게 먼저 인사를 건넸다. 처음에는 쑥스러워서 말이 잘 나오지 않았지만 사람들이 웃으면서 인사를 받아 주자 더 용기를 내게 되었다.

소년은 웃는 얼굴로 인사를 할 수 있게 되자 인사 뒤에 상대방에 대한 칭찬을 덧붙이기 시작했다.

"안녕하세요. 오늘 날씨가 참 좋네요. 아이와 산책하는 중이신가 봐요. 정말 사랑스러운 아이네요."

"당신이 오늘 입은 옷이 봄 햇살처럼 화사해서 보고 있으니 제 기분도 좋아져요."

"당신의 목소리는 언제 들어도 활기차네요. 저까지 기운이 생기는 걸요."

이렇게 상대방에게 먼저 다가가고 아무리 작은 것이라도 칭찬할 줄 아는 소년을 보고, 사람들은 '만나면 기분 좋은 친구'라고 생각하게 되었다. 소년은 더 이상 사람들 앞에서 이야기하는 것이 두렵지 않았고 오히려 그것을 즐기게 되었다. 그리고 점차 많은 사람의 사랑을 받게 되었다. 이 사람이 바로 많은 사람에게 감동을 주는 이야기를 쓰고, 재치 있는 말솜씨로 사람들을 즐겁게 해 주었던 작가 '버나드 쇼'다.

버나드 쇼는 자신의 성격이 저절로 바뀌기를 기다리지 않았다. 오히려 자신이 직접 나서서 성격을 고치려고 했다. 용기를 내어 다른 사람에게 먼저 다가가고 친절하게 대하려고 노력한 결과, 수줍음이 많던 소년은 많은 사람들의 사랑을 받는 작가로 성장*할 수 있었다. 이렇게 자신의 삶에 있어서 소중한 것들은 누군가가 가져다주는 것이 아니라 적극적으로 나서서 얻어야 하는 것임을 알아야 한다.

● ● ● **낱말 풀이**
성장 : 사람이나 동식물 등이 자라서 점점 커짐

정확하게 읽기

● ● ● **낱말 풀이**
불황 : 경제 활동이 활발하게 일어나지 않아 물가가 내려가고 실업이 늘어나는 상태
체인점 : 동일한 메이커 제품을 취급하는 소매상점을 여러 곳에 두고 중앙에서 통제 · 경영하는 점포 조직
지원 : 어떤 조직의 구성원이 되기를 바람
입사 : 회사에 취직하여 들어감

불황*을 이긴 적극성의 힘

미국이 경제가 어려워져서 일자리가 줄어들었을 때의 일이다. 월터 하비라는 사람 역시 일자리를 얻기 위해 온갖 노력을 기울였지만 쉽게 직장을 구할 수는 없었다. 하지만 꼭 취직해야겠다고 생각한 그는 포기하지 않았다. 뉴욕에 393개의 체인점*을 가진 대형 약국에 393통의 편지를 보낸 것이다.

"당신의 약국에서 누구보다 열심히 일하겠습니다. 저에게 기회를 주십시오."

그러나 답장은 단 한 통도 오지 않았다. 월터 하비는 실망하면서 다른 일자리를 찾는 대신 더 적극적인 방법으로 약국에 지원*해 보기로 했다. 그는 입사* 지원서를 들고 약국을 찾아가서 직원에게 자기를 소개했다.

"저는 월터 하비입니다."

그가 말을 더 잇기도 전에 직원은 밝게 웃으며 그에게 말했다.

"당신이 찾아올 줄 알았어요. 우리는 당신이 보낸 393통의 편지를 모두 모아 놓았지요. 우리는 당신처럼 적극적인 사람을 찾고 있었어요."

월터 하비는 그날부터 약국에서 일하게 되었고 나중에는 그 약국의 최고 관리자가 되었다.

월터 하비가 한 번 거절당했다고 약국에 취직하는 것을 포기했더라면, 그리고 다른 회사가 자신을 선택해 줄 때까지 기다리고 있었더라면 그의 인생은 지금과 많이 달라졌을 것이다. 하지만 월터 하비는 자기 인생은 자신이 만들어 가는 것이라고 생각했기에 그저 기다리기보다 적극적으로 자신을 알리려고 했다. 이렇게 자신의 문제를 해결하기 위해 적극적으로 나선 월터 하비는 결국 원하는 직장에서 일할 수 있었다.

이 이야기를 통해 자신의 삶은 누군가에 의해 결정되는 것이 아니라, 적극적이고 능동적*으로 만들어 가는 것이라는 사실을 알 수 있다. 이렇게 우리는 적극적이고 능동적인 태도로 자신의 삶에 책임을 져야 하고 내 인생의 진정한 주인이 되어야 한다.

● ● ● **낱말 풀이**
능동적 : 다른 것에 이끌리지 아니하고 스스로 일으키거나 움직이는 것

● ● ● **낱말 풀이**
수동적 : 스스로 움직이지 않고 다른 것의 작용을 받아 움직이는 것

능동적이고 적극적인 태도는 내 인생이 저절로 정해지도록 두는 것이 아니라 직접 나서서 인생을 만들어 가는 것이다. 이러한 태도야말로 자신을 자기 삶의 진정한 주인으로 만들어 주고 성공할 수 있는 기회를 가져다준다.

1. 다음의 말과 행동에 맞는 태도는 무엇일까?

> 저 사람이 내 기분을 엉망으로 만들게 내버려 두지 않을 것이다

① 능동적이고 적극적인 태도　　② 수동적*이고 소극적인 태도

2. 다음의 말과 행동에 맞는 태도는 무엇일까?

> 다른 사람이 나를 괴롭혀서 하고 싶은 일을 포기해 버렸다

① 능동적이고 적극적인 태도　　② 수동적이고 소극적인 태도

3. 다음의 말과 행동에 맞는 태도는 무엇일까?

물어보지도 않고 좋아하는지 좋아하지 않는지를 어떻게 알 수 있나요?

① 능동적이고 적극적인 태도   ② 수동적이고 소극적인 태도

4. 다음의 말과 행동에 맞는 태도는 무엇일까?

나에게 관심을 가지는 사람이 하나도 없다

① 능동적이고 적극적인 태도   ② 수동적이고 소극적인 태도

5. 다음의 말과 행동에 맞는 태도는 무엇일까?

오직 당신만이 나에게 어떻게 해야 한다고 알려 줄 수 있다

① 능동적이고 적극적인 태도   ② 수동적이고 소극적인 태도

6. 다음의 말과 행동에 맞는 태도는 무엇일까?

나는 시간이 없어서 못하는 일이 많다

① 능동적이고 적극적인 태도   ② 수동적이고 소극적인 태도

7. 다음의 말과 행동에 맞는 태도는 무엇일까?

나는 중요하지 않은 일을 포기해야만 가장 중요한 일을 할 수 있다

① 능동적이고 적극적인 태도   ② 수동적이고 소극적인 태도

8. 다음의 말과 행동에 맞는 태도는 무엇일까?

음식만 주의해서 먹으면 몸무게를 유지*할 수 있다

① 능동적이고 적극적인 태도   ② 수동적이고 소극적인 태도

• • • **낱말 풀이**

유지 : 어떤 상태를 변함없이 계속하여 지탱함

● ● ● **낱말 풀이**

해결 : 문제를 잘 처리함

9. 다음의 말과 행동에 맞는 태도는 무엇일까?

자신의 일은 스스로 책임지고 스스로 해결*한다

① 능동적이고 적극적인 태도   ② 수동적이고 소극적인 태도

10. 다음의 말과 행동에 맞는 태도는 무엇일까?

나의 뜻대로 되지 않는 일에 대해서는 남 탓만 한다

① 능동적이고 적극적인 태도   ② 수동적이고 소극적인 태도

11. 다음의 말과 행동에 맞는 태도는 무엇일까?

나는 꼭 많은 사람들을 위해 봉사할 것이다

① 능동적이고 적극적인 태도   ② 수동적이고 소극적인 태도

12. 다음의 말과 행동에 맞는 태도는 무엇일까?

나는 그 사람 때문에 화를 참을 수가 없다

① 능동적이고 적극적인 태도   ② 수동적이고 소극적인 태도

13. 다음의 말과 행동에 맞는 태도는 무엇일까?

● ● ● **낱말 풀이**

공평 : 어느 쪽으로도 치우치지 않고 고름

이 세상은 결코 공평*한 것이 아니다

① 능동적이고 적극적인 태도   ② 수동적이고 소극적인 태도

14. 다음의 말과 행동에 맞는 태도는 무엇일까?

● ● ● **낱말 풀이**

설득 : 상대편이 이쪽 편의 이야기를 따르도록 말함

나는 다른 사람에게 내 생각을 표현하거나 상대방을 설득*할 수 있다

① 능동적이고 적극적인 태도   ② 수동적이고 소극적인 태도

15. 다음의 말과 행동에 맞는 태도는 무엇일까?

> 운이 좋았더라면 성공할 수 있었을 텐데

① 능동적이고 적극적인 태도   ② 수동적이고 소극적인 태도

16. 다음의 말과 행동에 맞는 태도는 무엇일까?

> 나는 돈이 없어서 그 일을 못하겠다

① 능동적이고 적극적인 태도   ② 수동적이고 소극적인 태도

17. 다음의 말과 행동에 맞는 태도는 무엇일까?

> 더 이상 다른 방법이 없다

① 능동적이고 적극적인 태도   ② 수동적이고 소극적인 태도

18. 다음의 말과 행동에 맞는 태도는 무엇일까?

> 나는 나의 태도를 바꿀 수 있다

① 능동적이고 적극적인 태도   ② 수동적이고 소극적인 태도

19. 다음의 말과 행동에 맞는 태도는 무엇일까?

> 내 삶은 스스로 결정한다

① 능동적이고 적극적인 태도   ② 수동적이고 소극적인 태도

20. 다음의 말과 행동에 맞는 태도는 무엇일까?

> 이것은 내가 결정하는 것이 아니다

① 능동적이고 적극적인 태도   ② 수동적이고 소극적인 태도

21. 다음의 말과 행동에 맞는 태도는 무엇일까?

> 저에게 한 번만 더 기회를 주십시오

① 능동적이고 적극적인 태도　　② 수동적이고 소극적인 태도

22. 다음의 말과 행동에 맞는 태도는 무엇일까?

> 나를 둘러싼 환경이 불편해도 참고 견딘다

① 능동적이고 적극적인 태도　　② 수동적이고 소극적인 태도

정확하게
읽기

자신이 할 수 있는 일과 할 수 없는 일을 구분하는 지혜

미국의 제23대 대통령 프랭클린 루스벨트는 어렸을 때부터 대통령이 되겠다는 꿈을 가지고 있었다. 38세에 부통령 후보가 되면서 자신의 꿈에 한 발짝 다가가고 있다고 생각할 무렵, 그는 갑자기 소아마비*를 앓게 되었고 하반신*이 마비*되었다. 휠체어 없이는 움직일 수 없는 신세가 된 것이다. 주위에서는 자유롭게 움직일 수 없는 루스벨트가 대통령은커녕 계속 정계*에 남아 있을 수 없을 것이라고 했다.

하지만 루스벨트는 자신의 꿈을 포기하지 않았다. 그는 이미 생긴 병을 부정하거나 모른 척한다고 소아마비가 낫지 않는다는 사실을 알았다. 그래서 자신이 자유롭게 움직일 수 없기 때문에 지금 당장 대통령이 될 수 없다는 사실을 받아들였다. 그리고 낫기 위해서 무엇을 할 수 있을지 생각해 보았다. 루스벨트는 자신의 돈으로 소아마비 재활 센터*를 지어서 환자인 동시에 재활 의사 역할을 하며 새로운 치료법을 모두 사용해 보았다. 그리고 근육의 강도*를 재는 도구를 발명하고, 다리를 사용하지 않고 운전할 수 있게 자동차를 개조*하는 등 자신에게 필요한 것은 모두 만들어서 사용했다.

7년의 시간이 흐르고, 루스벨트는 연설*하는 동안에는 서서 버틸 수 있을 정도로 하반신의 힘을 회복*할 수 있었다. 비록 완전히 나은 것은 아니었지만, 루스벨트에게는 그만큼 회복한 것도 기적이었다. 루스벨트는 그 후에 뉴욕 주지

● ● ● **낱말 풀이**

소아마비 : 어린아이에게 많이 일어나는 운동 기능의 마비

하반신 : 허리를 기준으로 몸의 아래쪽 절반이 되는 부분

마비 : 감각이 없어지고 힘을 제대로 쓰지 못하게 되는 것

정계 : 정치에 관련된 일에 종사하는 조직

재활 센터 : 장애를 극복하기 위한 기관

강도 : 단단하고 센 정도

개조 : 더 좋게 고쳐서 만듦

연설 : 여러 사람 앞에서 자기의 주장 또는 의견을 말함

회복 : 원래의 상태를 되찾음

사가 되어 정계에 복귀*할 수 있었고, 대통령에 당선되어 자신의 꿈을 이룰 수 있었다.

루스벨트는 하반신이 마비되는 절망적인 상황에서 자신이 바꿀 수 있는 것과 바꿀 수 없는 것을 정확하게 구분했다. 현재 하반신이 마비되었다는 사실은 바꿀 수 없는 것이었으므로 그것을 받아들이고 당장 대통령이 될 수 없다는 사실도 인정*했다. 대신 지금보다 나아질 수 있을 것이라고 믿으며 자신이 할 수 있는 모든 방법을 이용해 조금이라도 회복하려고 노력했다.

이렇게 문제가 발생했을 때 내가 변화시킬 수 있는 일과 변화시킬 수 없는 일이 무엇인지 알아야 한다. 그리고 변화시킬 수 있는 일은 적극적으로 나서서 변화시키고, 변화시킬 수 없는 일은 받아들여야 그 문제를 해결할 수 있다. 루스벨트가 하반신을 움직일 수 없다는 사실을 억울해 하는 데 평생을 보냈다면 자신의 꿈을 이룰 수 없었을 것이다.

● ● ● 낱말 풀이
복귀 : 본래의 자리나 상태로 되돌아감
인정 : 그렇다고 여김

기억하며 풀기

● ● ● 낱말 풀이
통제 : 일정한 방침이나 목적에 따라 행위를 제한하거나 제약함

루스벨트처럼 문제가 발생했을 때 내가 바꿀 수 없는 일에 매달려 시간을 보내기보다 내가 바꿀 수 있는 일을 적극적으로 하는 사람만이 성공할 수 있다. 아래의 문제를 통해 내가 통제*할 수 있는 일과 통제할 수 없는 일을 구분하는 연습을 해 보자.

1. 능동적이고 적극적인 사람들은 자신의 에너지를 어디에 쏟을까?

　　① 자신이 바꿀 수 있는 일　　　② 다른 사람이 바꿀 수 있는 일

　　③ 자신이 바꿀 수 없는 일　　　④ 상황을 봐서 결정해야 할 일

2. 능동적이고 적극적인 사람들은 통제할 수 없는 일을 어떻게 처리할까?

　　① 잊는다　　② 그리워한다　　③ 받아들인다　　④ 부정한다

3. 능동적이고 적극적인 사람들이 고민하지 않는 일은 무엇일까?

　　① 직접 통제할 수 있는 일　　　② 저절로 진행*되는 일

　　③ 통제할 수 없는 일　　　④ 상황을 봐서 결정해야 할 일

● ● ● 낱말 풀이
진행 : 일을 처리해 나감

4. 다음은 무엇에 해당할까?

> 하루의 날씨

① 내가 변화시킬 수 있는 일　　② 내가 변화시킬 수 없는 일

5. 다음은 무엇에 해당할까?

> 과거의 잘못

① 내가 변화시킬 수 있는 일　　② 내가 변화시킬 수 없는 일

6. 다음은 무엇에 해당할까?

> 나의 나쁜 습관

① 내가 변화시킬 수 있는 일　　② 내가 변화시킬 수 없는 일

7. 다음은 무엇에 해당할까?

> 가족의 건강

① 내가 변화시킬 수 있는 일　　② 내가 변화시킬 수 없는 일

8. 다음은 무엇에 해당할까?

> 나의 성적

① 내가 변화시킬 수 있는 일　　② 내가 변화시킬 수 없는 일

정확하게
읽기

● ● ● **낱말 풀이**
오디션 : 연예인을 뽑기 위한 실기 시험

나부터 변화하자

아래에 소개된 사람들의 공통점은 무엇일까?

- 아카데미 여우 주연상에 두 번이나 후보로 올랐던 리브 울만은 노르웨이 국립 연극 학교 오디션*에서 탈락한 경험이 있다.

- 세계 최고의 경제 잡지 '포브스'의 발행인인 된 말콤 포브스는 대학 시절, 학

교 신문 기자 시험에 탈락했었다.

- 미국 역사상 가장 많은 사람들의 사랑을 받은 가수, 엘비스 프레슬리는 과거에 공연을 딱 한 번 한 뒤에 곧바로 매니저에게 해고*된 적이 있다.

- 미국 역사상 가장 위대한 발명가로 꼽히는 에디슨은 초등학교 시절에 선생님들로부터 너무 느리고 머리가 나쁘다는 평가를 들었다.

- 유명한 소설가 루이스 라모르는 출판사로부터 350번이나 거절당한 바 있다.

이들의 공통점은 다른 사람에게 인정받지 못했지만 좌절하지 않고 계속 도전하여 자신의 꿈을 이루었다는 데 있다. 다른 사람에게 좋은 평가를 받지 못하면 '나의 실력을 알아봐 주는 사람이 없다니!' 하고 안타까워할 수 있다. 어쩌면 나를 인정해 주지 않는 사람을 원망할지도 모른다. 하지만 오디션에서 떨어지고 출판사로부터 거절당한 것을 다른 사람의 탓으로 돌려서는 성공할 수 없다. 이러한 실패를 경험했을 때 다시 실패하지 않기 위해서는 자신의 실력을 키우려고 노력해야 한다. 어떤 노력을 얼마나 할 것인지 계획을 세우고 그것을 실행*하면서 자신을 변화시키려고 노력하는 사람만이 성공할 수 있다.

● ● ● **낱말 풀이**

해고 : 회사의 경영자가 직원을 내보냄

실행 : 실제로 행동함

기억하며 풀기

실패를 경험했을 때 다른 사람이나 나를 둘러싼 환경을 탓하는 사람이 있다. 하지만 이런 사람은 절대로 성공할 수 없다. 열심히 노력하여 자신을 더 훌륭하게 변화시키는 사람만이 성공의 기쁨을 맛볼 수 있다.

1. 문제가 생겼을 때 효과적으로 해결하기 위해서 무엇을 변화시켜야 할까?

　① 친구　　　② 운명　　　③ 자기 자신　　　④ 가족

2. 자신을 변화시키기 위한 계획을 세웠다면 어떻게 해야 할까?

　① 실행해야 한다　　　　　　② 계획을 더 구체적으로 세워야 한다

　③ 다른 사람의 도움을 받아야 한다　④ 부모님께 허락을 받아야 한다

3. 일자리를 얻기 위해 무엇을 해야 할까?

　① 짧은 기간 동안 무료로 일해 준다

　② 인터넷에 자신의 이력서를 배포*한다

　③ 자신이 가진 기술을 개발한다

　④ 마음에 드는 직장이 생길 때까지 기다린다

● ● ● **낱말 풀이**

배포 : 신문이나 책을 널리 나누어 줌

4. 성적을 올리기 위해 무엇을 해야 할까?

　① 인기 있는 학원 강사의 수업을 듣는다

　② 친구들과 함께 공부한다

　③ 문제집을 많이 산다

　④ 더 열심히 공부하겠다고 결심한다

5. 자신의 어떤 면을 변화시켜야 하는지 써 보자.

①　자기 삶의 주인이 자신인 것을 알고 적극적이고 능동적으로 살아가면서 자기 삶에 책임을 지는 사람만이 성공할 수 있다.

②　내가 변화시킬 수 있는 일과 변화시킬 수 없는 일이 무엇인지 알고, 내가 변화시킬 수 없는 일은 받아들이고 내가 변화시킬 수 있는 일에 노력을 기울여야 한다.

③　환경을 탓하지 말고 나를 변화시켜야 성공할 수 있다.

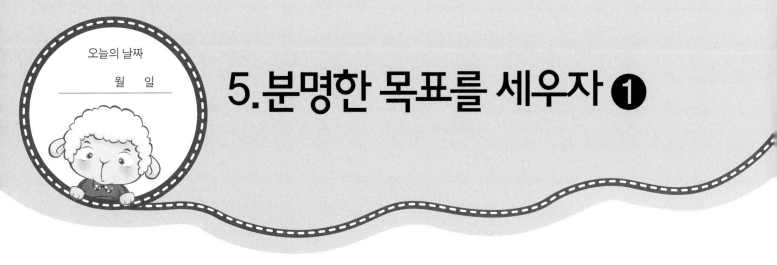

5.분명한 목표를 세우자 ❶

성공하는 사람들의 두 번째 습관은 분명한 목표를 가지는 것이다. 뚜렷한 목표 없이 무작정 노력한다고 해서 성공할 수 없다. 내가 하고 싶은 일이 무엇인지를 확실하게 정하고 그것을 이루기 위해 끊임없이 노력해야 진정한 성공을 이룰 수 있다. 이 장에서는 목표가 왜 중요한지에 대해 알아보는 시간을 가질 것이다.

오늘의
배울거리

"목표를 눈으로 볼 수 있었다면 절대로 포기하지 않았을 거예요."

미국에 플로렌스 채드윅은 1950년에 20마일*이나 되는 영국 해협*을 수영으로 건너간 최초의 여성이다. 그로부터 2년 후, 그녀는 자신의 기록에 도전하기 위해 카탈리나 섬에서 캘리포니아 서부 해안*까지 21마일이나 되는 거리를 수영으로 건너기로 했다.

도전하는 날 아침, 그녀가 건너야 할 바다에 안개가 자욱했다*. 15시간 동안 쉬지 않고 앞으로 나아가던 플로렌스는 차가운 바닷물을 견디지 못하고 자신을 따라오던 구조선*을 불렀다. 구조선에 타고 있던 트레이너*는 거의 다 왔으니 조금만 더 참고 가 보자고 응원했다. 하지만 안개 때문에 목표 지점*이 어디인지, 얼마나 더 가야 하는지 알 수 없었던 플로렌스는 도전을 계속 할 수 없었다. 결국 목표 지점까지 반 마일을 남겨 두고 도전을 포기하고 말았다. 그녀는 구조선에 올라와서 남은 거리를 확인한 후에 말했다.

"만약 목표 지점을 제 눈으로 볼 수 있었다면 절대로 포기하지 않았을 거예요."
첫 번째 도전을 포기하고 2달이 지난 후, 플로렌스는 다시 한 번 카탈리나 섬과 캘리포니아를 잇는 해안을 건너는 데 도전했다. 안개가 끼지 않은 화창한

● ● ● 낱말 풀이
마일 : 거리를 재는 단위로 1마일은 약 1.6킬로미터다
해협 : 육지 사이에 끼어 있는 좁고 긴 바다
해안 : 바다와 육지가 맞닿은 부분
자욱하다 : 연기나 안개 등이 잔뜩 끼어 흐릿하다
구조선 : 바다에서 재난을 당한 사람이나 배를 구조하는 배
트레이너 : 운동선수를 훈련시키고 지도하는 사람
지점 : 땅 위의 일정한 점

날이었다. 도전을 시작한 지 15시간이 지나고, 그녀는 2달 전과 같이 추위에 떨며 지칠 대로 지쳐 있었다. 하지만 포기하지 않고 끝까지 노력한 결과, 수영으로 21마일을 횡단하는 데 성공할 수 있었다. 목표 지점이 어디에 있는지, 얼마나 남았는지를 자신의 눈으로 확인할 수 있었기 때문이다.

플로렌스가 목표 지점을 눈으로 확인할 수 있었다는 사실이 도전의 성공과 실패를 좌우했다*. 자신의 목표가 무엇이고 그것을 이루기 위해 얼마나 노력해야 하는지 안다면 현재의 고통을 견딜 수 있는 힘이 생기기 때문이다.
이처럼 분명한 목표를 가지는 것은 성공하는 데 가장 중요한 조건*이다. 그럼 이제부터 목표가 가지는 힘에 대해 더 자세히 알아보고 목표를 세우는 방법에 대해 배워 보자.

● ● ● **낱말 풀이**
좌우하다 : 어떤 일에 영향을 준다
조건 : 어떤 일을 이루게 하거나 이루지 못하게 하기 위하여 갖추어야 할 상태나 요소

정확하게
읽기

아버지의 나침반

아버지와 아들이 여행을 하고 있었다. 말도 통하지 않는 나라에서 낯선 도시에 도착한 아버지와 아들은 어느 쪽으로 가야 목적지가 나오는지 알 수 없었다. 표지판도 없고 지나가는 사람도 없어서 오직 나침반*과 지도만 보며 길을 찾아야 했다. 다리가 아프고 목도 말랐던 아들은 아버지에게 말했다.
"아버지, 저쪽에 있는 큰길로 가요. 이쪽 샛길*은 좁고 지저분하잖아요. 큰길로 가면 어떻게든 목적지에 도착할 수 있겠죠."
하지만 아버지는 멈춰 서서 계속 나침반과 지도만 보고 있었다. 아들은 화가 나고 답답해서 소리쳤다.
"아버지, 그냥 저쪽에 있는 큰길로 가요. 너무 피곤하고 힘들어요."
그제야 아버지는 고개를 들어 아들을 바라보며 말했다.
"아들아, 저쪽 길은 아닌 것 같구나. 이쪽의 작은 샛길로 가야 우리의 목적지가 나오겠어."
아버지의 말대로 좁고 지저분한 샛길을 지나가며 아들은 투덜거렸다.
"이렇게 지저분한 길을 지나가니까 제 옷이 다 더러워졌어요. 어디서 고약한 냄새도 나고…."

● ● ● **낱말 풀이**
나침반 : 방향을 알려 주는 기구
샛길 : 큰길에서 갈라져 나간 작은 길

하지만 아버지는 묵묵히[*] 나침반을 보며 걸어갔다. 그렇게 몇 시간을 걸어가자 드디어 그들의 목적지가 나타났다. 아버지는 아들에게 말했다.

"아들아, 어디로 가야 하는지도 모른 채 무작정 걸어간다고 해서 목적지에 도착하는 것은 아니란다. 정확하게 어느 방향으로 가야 하는지를 알아야지. 확실한 목표가 있어야 중간에 어떤 어려움이 생겨도 포기하지 않고 계속 전진[*]할 수 있는 거란다."

목표란 내 인생이 어느 방향으로 나아가야 하는지 알려 주는 나침반이다. 배에 나침반이 없다면 바다 한가운데서 길을 잃듯이 우리도 살아가는 데 목표가 없다면 무엇을 해야 할지 몰라 방황[*]하게 된다. 하지만 분명한 목표가 있다면 우리는 중간에 어떤 어려움이 있어도 그것을 이겨 낼 수 있다. 포기하지 않고 계속 나아갈 수 있다. 따라서 우리는 내가 어느 길로 가야 하는지 알려 주는 인생의 나침반, 즉 목표를 가져야 한다.

아버지가 나침반을 믿고 묵묵히 목적지를 향해 걸어갔듯이 우리는 분명한 목표를 믿고 그것을 이루기 위해 끊임없이 노력해야 한다. 나침반 없이 발길 닿는 대로 걸어 다닌다면 고생만 하고 목적지에 도착할 수 없다는 사실을 기억하고 내 인생의 나침반인 분명한 목표를 가지자.

1. 목표란 배에 있는 무엇과 같을까?

① 돛[*]　　　② 나침반　　　③ 운전대　　　④ 풍향계[*]

2. 배에 '그것'이 없다면 어떻게 될까?

① 바다 속으로 가라앉게 된다

② 연료[*]가 없어서 움직이지 못하게 된다

③ 현재 속도를 알지 못하게 된다

④ 어디로 가야 하는지 몰라 방황하게 된다

● ● ● **낱말 풀이**

묵묵히 : 말없이 잠잠하게

전진 : 앞으로 나아감

방황 : 분명한 방향이나 목표를 정하지 못하고 헤맴

기억하며 풀기

● ● ● **낱말 풀이**

돛 : 배 바닥에 세운 기둥에 매어 놓고 올리고 내리고 할 수 있도록 만든 넓은 천으로 바람을 받아 배를 가게 하는 것

풍향계 : 바람이 부는 방향을 알아내는 기구

● ● ● **낱말 풀이**

연료 : 태워서 에너지를 얻을 수 있는 물질

3. 분명한 목표를 가졌을 때 얻을 수 있는 장점은 무엇일까? (모두 선택)

① 자신이 무엇을 갖고 싶은지 알 수 없게 된다

② 목표한 것이 아니더라도 열심히 하게 된다

③ 어려움이 생겨도 이겨 낼 수 있게 된다

④ 무엇을 해야 할지 정확하게 알게 된다

정확하게
읽기

성공한 3%의 비밀

1953년, 미국의 명문 대학인 예일대학교에서는 '목표가 인생에 어떤 영향을 주는가'에 대하여 설문 조사*를 했다. 설문 조사 대상은 그해 대학원*을 졸업한 학생들 중 재능, 학력*, 가정 환경이 비슷한 사람들이었다.

그들에게 인생의 목표가 있는지를 묻자, 그들 중 60%의 학생이 목표가 분명하지 않다고 답했고, 27%의 학생은 목표가 없다고 답했다. 반면에 10%의 학생은 머릿속에서 생각하고 있는 목표가 있다고 했고, 3%의 학생들만이 뚜렷한 목표를 글로 써서 가지고 있다고 했다.

20년 후, 예일대학교에서 설문 조사에 답했던 학생들이 얼마나 성공했는지 알아보았다. 그 결과 뚜렷한 목표를 가지고 오랜 시간 동안 끈질기게 노력한 3%의 사람들은 각 분야에서 성공을 이루었다는 사실을 알 수 있었다. 그리고 그 사람들의 재산을 합한 것이 나머지 97%의 사람들의 재산을 합한 것보다 많다는 사실도 알 수 있었다. 반면에 목표가 없었던 27%의 사람들은 특별한 직업 없이 가난하게 생활하고 있는 경우가 많았다.

우리는 예일대학교 학생들의 이야기를 통해 뚜렷한 목표가 성공을 이끄는 힘이라는 사실을 알 수 있다. 막연하게* '선생님이 되고 싶다'고 생각하는 것보다, 어떤 선생님이 되고 싶은지에 대하여 글로 써 보면 그것을 이루기 위해 무엇을 해야 하는지 알 수 있다. '아이들의 마음을 잘 이해해 주는 초등학교 선생님이 되고 싶다'고 쓴다면 초등학교 선생님이 되기 위해 무엇을 해야 하는지, 아이들의 마음을 이해하기 위해 어떤 준비를 해야 하는지 생각하게 되기 때문이다. 이렇게 뚜렷한 목표를 가지고 그것을 이루기 위해 차근차근 노력한다

● ● ● **낱말 풀이**

설문 조사 : 여러 사람에게 같은 질문을 하고, 그 사람들에게서 얻은 답변을 통해 정보를 모으는 것

대학원 : 대학을 졸업한 사람이 보다 전문적으로 학문을 연구하는 과정

학력 : 학교를 다닌 경력

막연하게 : 뚜렷하지 않고 흐릿하게

면 누구나 자신이 원하는 것을 이룰 수 있다.

기억하며
풀기

예일대학교에서 설문 조사를 했던 학생들 중 뚜렷한 목표를 가지고 있던 사람들만이 성공할 수 있었다. 구체적인 목표가 있어야 그것을 이루기 위해 자신이 해야 할 일이 무엇인지 알고 노력할 수 있기 때문이다. 성공하기 위해서 반드시 목표를 가져야 한다는 것을 명심하자.

1. 예일대학교에서 조사한 주제는 무엇일까?

① 망설임이 인생에 어떤 영향을 줄까?

② 과거가 인생에 어떤 영향을 줄까?

③ 목표가 인생에 어떤 영향을 줄까?

④ 노력이 인생에 어떤 영향을 줄까?

2. 뚜렷한 목표를 가지고 있던 학생들은 20년 후에 어떤 사람이 되었을까?

① 자신의 분야에서 성공한 사람

② 자신의 분야에서 실패한 사람

③ 다른 사람들보다 바쁜 사람

④ 다른 사람들보다 마음에 여유*가 있는 사람

● ● ● 낱말 풀이
여유: 느긋하고 차분한 상태

3. 목표가 없었던 학생들은 20년 후에 어떤 사람이 되었을까?

① 아무 걱정이 없는 사람

② 매우 열심히 일하는 사람

③ 직업이 없고 가난하게 생활하는 사람

④ 하고 싶은 일을 하면서 사는 사람

4. 예일대학교 학생들의 이야기를 통해 무엇을 배울 수 있을까?

① 명문 대학교에 입학하고 좋은 성적을 받아야 한다

② 끈질기게 노력해서 성공해야 한다

③ 다른 사람의 도움을 받지 않고 자신의 힘으로 살아야 한다

④ 성공은 재능, 학력, 가정 환경보다 뚜렷한 목표를 가지고 있느냐에 따라 결정된다

정확하게
읽기

나의 목표를 세우자

지금부터 자신의 마음속에서 들리는 소리에 귀를 기울여 보자. 마음을 차분하게 가라앉히고 내가 하고 싶은 일, 되고 싶은 것, 가지고 싶은 물건이 무엇인지 생각해 보자. 그리고 지금 그 목표를 종이 위에 적어 보자.

〈주의점〉

• 쑥스러워하지 말고, 내가 할 수 있을지 없을지 고민하지 말고, 지금 생각나는 것들을 모두 적어 보자.

• 되도록 멈추지 말고 최대한 많은 목표를 적어 보자. 사진가들이 수백 장의 사진을 찍고 최고의 사진을 한두 장 고르듯이, 처음에 최대한 많은 목표를 가지는 것이 중요하다.

• 내가 변화하고 싶은 점들에 대하여 써 보자.

• 목표를 적는 도중에 수정*하거나 삭제하지 않아도 된다.

• 이런 목표들을 어떻게 이룰 것인지에 대해 걱정하지 않아도 된다.

• 비록 불가능해 보이는 목표라도 버리지 말자.

• 이렇게 목표를 적고 수정하는 것을 정기적으로 반복한다.

〈예시〉지훈이의 목표

−남극 탐험을 한다.   −바이올린을 연주하는 법을 배운다.

−겸손*한 사람이 된다.   −몸을 건강하게 만든다.

−나만의 방을 갖는다.   −농구 코치가 된다.

● ● ● 낱말 풀이
수정:글이나 글자의 잘못된 점을 고침
겸손 : 남을 존중하고 자기를 내세우지 않는 태도가 있음

-프랑스로 여행을 떠난다.

-유명한 축구 선수가 된다.

-새 운동화를 산다.

-모범생이 된다.

-자유 시간을 갖는다.

-다른 사람을 위해 봉사한다.

-의사가 된다.

-대학 교수가 된다.

-친구를 많이 사귄다.

-명문 대학에 입학한다.

-일본어를 배운다.

-책을 1,000권 읽는다.

-수영을 배운다.

-식당을 연다.

-가난한 사람을 돕는다.

-아프리카의 초원*에서 사냥을 한다.

-학교 신문에 글을 발표한다.

-가족들과 화목하게 지낸다.

-많은 사람을 사랑한다.

-다이어트에 성공한다.

-테니스를 배운다.

-세계 각지에서 의료 봉사를 한다.

-새 컴퓨터를 산다.

-매일 30분씩 운동한다.

-태권도 검은 띠를 딴다.

-음악가가 된다.

● ● ○ ○ **낱말 풀이**

초원 : 풀이 나 있는 들판

목표를 세울 때 주의해야 할 점에 대하여 알아보았다. 이제 직접 나의 목표를 써 볼 차례다. 내가 할 수 있을지 없을지 고민하지 말고, 떠오르는 것들을 자유롭게 써 보자.

1. 내가 하고 싶은 일을 써 보자.

2. 내가 되고 싶은 것을 써 보자.

3. 내가 가지고 싶은 것을 써 보자.

1 분명한 목표를 세운다는 것은 자기 삶의 목적지를 정하는 것이다.

2 분명한 목표가 있다면 어려움을 견딜 수 있는 힘이 생긴다.

3 목표를 세우고 그것을 이루기 위해 노력하는 사람만이 성공할 수 있다.

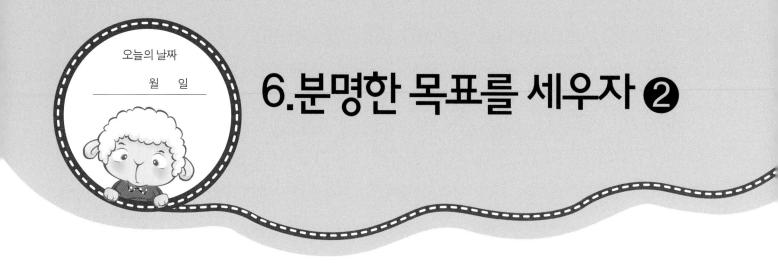

6.분명한 목표를 세우자 ❷

우리는 5장에서 분명한 목표를 가지는 것이 왜 중요한지 알아보았다. 뚜렷한 목표 없이 노력하는 것은 나침반 없이 항해하는 것과 같기 때문이다. 그렇다면 나의 목표, 내 인생의 나침반은 어떻게 만들어야 하는 것일까? 이 장에서는 목표를 만드는 방법에 대해 배워볼 것이다.

오늘의
배울거리

꿈을 이룬 소년, 데이브 토마스

한 소년이 있었다. 그는 가족들이 외식을 할 때 행복해 하는 모습을 보고 식당을 경영*하고 싶다는 꿈을 가지게 되었다. 그리고 그 꿈을 이루기 위해 12세 때부터 식당에서 일하기 시작했다. 그가 식당에서 종업원*으로 일하는 것은 단순히 돈을 벌기 위한 직업이 아니라, 자신의 목표를 이루기 위해서 필요한 경험이었다. 그는 군대에 들어가서도 군인들의 식사를 준비하는 일을 담당*하며 자신의 식당을 여는 꿈을 키워 갔다. 그렇게 자신의 목표를 위해 차근차근 경험을 쌓은 소년은 마침내 어른이 되어 자신의 딸의 이름을 딴 패스트푸드점을 열게 되었고, 전 세계에 4,000여 개가 넘는 체인점을 가지게 되었다. 이 사람이 바로 세계적인 패스트푸드 '웬디스 버거'를 세운 데이브 토마스다.

데이브 토마스의 성공 비결*은 '분명한 목표를 가진 것'이다. 그는 어렸을 때부터 식당을 열겠다는 목표를 세우고 그것을 이루기 위해 식당 종업원부터 시작해 지배인이 될 때까지 열심히 일했다. 그리고 자신의 식당을 가지게 된 후에는 매일 매출* 목표를 세우고 그것을 달성하기 위해 최선을 다했다. 이렇게 분

● ● ● ● **낱말 풀이**
경영 : 사업을 관리하고 운영함
종업원 : 어떤 업무에 종사하는 사람
담당 : 어떤 일을 맡음
비결 : 세상에 알려져 있지 않은 자기만의 뛰어난 방법
매출 : 물건을 파는 일

명한 목표를 향한 노력은 성공으로 이어진다.

그럼 이제부터 어떻게 목표를 세워야 하고, 목표를 이루기 위해 무엇을 해야 하는지에 대하여 '정확하게 읽기'를 통해 자세하게 알아보자.

목표를 세우는 SMART(스마트) 법칙

우리는 5장에서 성공하기 위해 분명한 목표를 세우는 것이 중요하다고 배웠다. 그렇다면 목표는 어떻게 정해야 하는 것일까? 그냥 내가 되고 싶은 것, 하고 싶은 것을 적으면 되는 것일까? 그렇지 않다. 목표를 정하는 데에도 법칙이 있다. 지금부터 소개할 'SMART 법칙'이 바로 그것이다. 다섯 개의 영어 단어의 알파벳 첫 글자를 딴 'SMART 법칙'은 smart(스마트)라는 단어 뜻대로 '똑똑하게' 목표를 세우는 방법을 알려 준다.

S(Specific: 구체적인)

목표는 구체적이어야 한다. 막연하게 '선생님이 될 것이다'가 아니라 '중학교에서 영어를 가르치는 선생님이 될 것이다'와 같이 구체적인 목표를 가져야 그 목표를 이루기 위해 어떤 노력을 해야 하는지 알 수 있기 때문이다. 아래에 나오는 목표 중에 구체적인 목표는 무엇인지 모두 찾아보자.

① 화목한 가정을 만들 것이다

② 이번 중간고사에서 평균 80점을 넘길 것이다

③ 좋은 대학에 들어갈 것이다

④ 돈을 많이 벌 것이다

⑤ 영어 공부를 할 것이다

⑥ 새 학기에는 친구를 많이 사귈 것이다

⑦ 이번 달 말까지 여름 방학 숙제를 끝낼 것이다

M(Measurable: 크기를 잴 수 있는)

목표는 측정*할 수 있어야 한다. '매일 운동을 할 것이다'라고 정했다면 어떤 운동을 얼마나 할 것인지 목표량도 정해야 한다. 그렇게 해야 내가 목표를 지

• • • 낱말 풀이
측정: 크기를 잼

켰는지 지키지 못했는지 평가할 수 있기 때문이다. 아래에 나오는 목표 중에 측정할 수 있는 목표는 무엇인지 모두 찾아 보자.

① 다이어트를 하겠다

② 몸무게를 10킬로그램 빼겠다

③ 책을 많이 읽겠다

④ 매일 한 시간씩 책을 읽겠다

⑤ 매일 500원씩 저금하겠다

⑥ 매일 영어 단어를 100개씩 외우겠다

⑦ 매일 30분씩 학교 운동장을 뛰겠다

A(Achievable: 이룰 수 있는)

이룰 수 없는 목표는 허황된* 꿈과 같다. 자신의 능력과 장점, 단점을 잘 생각해서 내가 노력하면 이룰 수 있는 목표를 세우는 것이 중요하다. 아래에 나오는 목표 중에 노력하면 이룰 수 있는 것은 무엇인지 모두 골라 보자.

① 나는 영원히 살 것이다

② 지금 나의 키는 156센티미터지만 나중에 커서 꼭 NBA*의 농구 선수가 될 것이다

③ 나는 과학자가 될 것이다

④ 나는 음치*이지만 가수가 될 것이다

⑤ 나는 타임머신을 타고 과거를 여행을 할 것이다

⑥ 나는 큰 집을 살 것이다

R(Rewarding: 만족감을 느끼는)

내가 만족을 느낄 수 있는 목표가 아니라면 이루고 싶은 마음이 생기지 않을 수 있다. 따라서 다른 사람이 정해 준 목표가 아니라, 내가 만족할 수 있는 목표를 세워야 한다. 아래의 목표 중에 그것을 달성했을 때 내가 만족할 수 있는 목표는 무엇인지 모두 골라 보자.

① 가수가 되어 콘서트를 한다

② 선생님이 되어 학생들에게 공부를 가르친다

● ● ● ● **낱말 풀이**

허황된: 헛되고 황당하며 믿을 수 없는

NBA: 미국의 프로농구 협회

음치: 소리에 대한 음악적 감각이나 지각이 매우 무디어 음을 바르게 인식하거나 발성하지 못하는 사람

③ 축구 국가 대표 선수가 되어 월드컵에 나간다

④ 작가가 되어 소설을 쓴다

⑤ 의사가 되어 아픈 사람들의 병을 고쳐 준다

⑥ 경찰이 되어 범죄자를 잡는다

T(Time limited: 시간제한*이 있는)

'언제까지 해야 한다'는 시간제한이 없다면 여러 가지 핑계*를 대며 목표를 이루기 위한 노력을 미루게 된다. 따라서 시간제한이 있는 목표를 두고 그것을 정해진 시간 안에 이루려고 노력해야 한다. 아래의 목표 중에 시간제한이 있는 목표는 무엇인지 모두 골라 보자.

① 나는 이번 달에 시골에 계시는 할머니를 찾아뵐 것이다

② 나는 세계적인 화가가 될 것이다

③ 나는 10년 안에 선생님이 될 것이다

④ 나는 부자가 될 것이다

⑤ 나는 올해 안에 전국 일주*를 할 것이다

⑥ 나는 19세가 되면 운전 면허증을 딸 것이다

● ● ● ● 낱말 풀이
시간제한 : 일정한 시간 안에 어떠한
일을 하도록 제한하는 일
핑계 : 사실을 감추려고 방패막이가
되는 다른 일을 내세움
일주 : 일정한 경로를 한 바퀴 도는 것

정확하게
읽기

바이올리니스트*가 되고 싶은 윤아가 오늘 해야 할 일은 무엇일까?

어느 날 윤아는 우연히 TV에서 세계적인 바이올리니스트 장영주의 공연을 보았다. 많은 사람들 앞에서 멋진 연주를 들려 주고 박수를 받는 모습을 보니 윤아도 바이올리니스트가 되어 무대에 서고 싶어졌다. 다른 사람에게 감동을 전해 줄 수 있는 일이 멋지게 느껴졌기 때문이다. 윤아는 세계적인 바이올리니스트가 되어 한국의 이름을 알리고 세계의 여러 사람들에게 음악으로 감동을 전해 주는 사람이 되는 것을 자신의 목표로 정했다.

세계적인 바이올리니스트가 되기 위해서는 유학*을 가야 한다. 더 전문적*인 교수들의 레슨*을 받기 위해서이다. 따라서 윤아는 20세가 되면 외국의 예술 대학교에 입학하기로 결정했다. 윤아의 계획대로 외국 대학에 들어가기 위해서는 영어를 잘해야 하고 바이올린 실력도 뛰어나야 한다. 따라서 윤아는 예

● ● ● ● 낱말 풀이
바이올리니스트 : 바이올린을 전문
적으로 연주하는 사람
유학 : 외국에 머물면서 공부함
전문적 : 어떤 분야에 상당한 지식과
경험을 가지고 그 일을 잘하는 것
레슨 : 음악이나 무용을 개인적으로
배우는 일

술 고등학교에 입학하여 연주 실력을 쌓고 꾸준히 영어 공부를 하기로 했다. 예술 고등학에 들어가려면 실기* 시험을 봐야 하기 때문에 초등학교 6학년인 지금부터 중학교 3학년 때까지 계속 바이올린 연습을 해야 한다. 따라서 윤아는 이번 주부터 바이올린 학원을 다니기로 했다.

'천리 길도 한 걸음부터'라는 속담이 있다. 자신의 큰 목표를 이루려면 지금 할 수 있는 일이 무엇인지 알고 그것부터 시작해야 한다는 뜻이다.

윤아는 세계적인 바이올리니스트라는 큰 꿈을 이루기 위해 대학교, 고등학교, 중학교 때의 계획을 세운 후 오늘 무슨 일을 할지 정했다. 이렇게 목표를 세울 때는 먼 미래의 큰 목표부터 정한 후, 점점 가까운 미래의 순서로 세워야 한다. 하지만 목표를 이룰 때는 그 순서가 반대다. 현재의 작은 목표를 하나하나 이루면서 점점 미래의 큰 목표를 이루어 가야 한다. 아래의 '목표 달성의 역삼각형' 을 보면 목표를 세우는 순서와 목표를 실현하는 순서를 잘 이해할 수 있다.

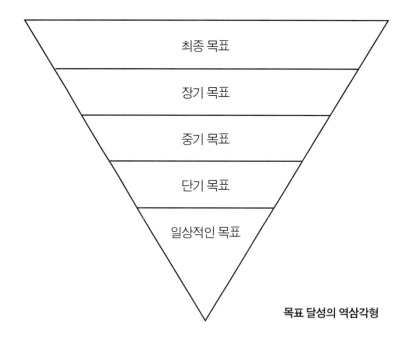

목표 달성의 역삼각형

최종 목표: 수십 년 후에 이룰 목표　　장기 목표: 5년 후에 이룰 목표

중기 목표: 1~5년 안에 이룰 목표　　단기 목표: 1~12개월 안에 이룰 목표

일상적인 목표: 매일·매주·매달 이룰 목표

● ● ● **낱말 풀이**

실기 : 실제의 기능이나 기술

목표를 세우는 순서와 그 목표를 이루는 순서는 반대다. 우리는 인생의 최종 목표를 세운 후에 점점 가까운 미래의 목표를 정해야 하고, 현재에 할 수 있는 작은 일부터 시작해서 점점 큰 목표를 이루어 가야 한다.

1. 다음 중 목표를 정하는 순서는 무엇일까?

① 최종 목표 → 장기 목표 → 중기 목표 → 단기 목표 → 일상적인 목표

② 일상적인 목표 → 단기 목표 → 중기 목표 → 장기 목표 → 최종 목표

③ 일상적인 목표 → 중기 목표 → 단기 목표 → 장기 목표 → 최종 목표

④ 일상적인 목표 → 단기 목표 → 장기 목표 → 중기 목표 → 최종 목표

2. 다음 중 목표를 이루는 순서는 무엇일까?

① 최종 목표 → 장기 목표 → 단기 목표 → 중기 목표 → 일상적인 목표

② 일상적인 목표 → 단기 목표 → 중기 목표 → 장기 목표 → 최종 목표

③ 일상적인 목표 → 단기 목표 → 장기 목표 → 중기 목표 → 최종 목표

④ 최종 목표 → 장기 목표 → 중기 목표 → 단기 목표 → 일상적인 목표

정확하게 읽기

목표를 세웠다면 행동하라!

미국에 등산을 하다가 암벽*에서 추락*하여 하반신이 마비된 마크 웰만이라는 사람이 있다. 사람들은 그가 걸을 수 없기 때문에 계속 암벽을 타고 등산을 하는 것이 불가능하다고 생각했다. 하지만 그는 포기하지 않았다. 천 미터나 되는 바위산인 엘카피탄에 오르기로 마음먹은 것이다. 다리를 쓸 수 없었기 때문에 동료가 암벽에 로프*를 걸어 주면 팔의 힘만을 이용하여 그것을 잡아당겨서 위로 올라가야 했다. 따라서 그는 한 번에 15센티미터씩밖에 움직이지 못했다. 하지만 마크 웰만은 그것이 자신의 목표를 이루기 위한 방법이라는 것을 알았기 때문에 포기하지 않고 6개월간 꾸준히 연습했다. 그리고 1989년, 9일간에 걸쳐 약 7천 번 이상 로프를 잡아당기며 암벽을 타고 올라간 마크 웰만은 마침내 바위산 정상에 설 수 있었다

● ● ● 낱말 풀이
암벽 : 깎아지른 듯 높이 솟은 벽 모양의 바위
추락 : 높은 곳에서 떨어짐
로프 : 굵은 밧줄

이렇듯 목표를 세웠다면 그것을 이루기 위해 어떤 행동을 해야 하는지 생각해 보고, 자신이 할 수 있는 일부터 시작해야 한다. 그리고 끊임없이 노력해야 한다. 마크 웰만은 바위산 정상에 오르는 것을 목표로 세웠다. 그리고 다리를 사용할 수 없었기 때문에, 로프를 잡아당겨서 위로 올라가야겠다고 결정했다. 그 후 6개월 동안 로프를 잡아당겨서 위로 올라가는 연습을 했고 자신이 목표로 했던 바위산 정상에 오를 수 있었다.

우리도 목표를 정했다면 어떻게 행동해야 그 목표를 이룰 수 있을지 생각해야 한다. 그리고 이러한 행동 계획을 글로 써 보고, 그중 가장 간단하고 쉬운 일부터 시작해야 한다. 쉬운 일을 성공하면 자신감*이 생겨서 더 어려운 일에 계속 도전할 수 있기 때문이다. 그렇게 끊임없이 노력하다 보면 언젠가는 자신이 원하는 목표를 이룰 수 있다.

● ● ● **낱말 풀이**
자신감 : 어떤 일을 해낼 수 있다고 스스로 굳게 믿는 마음

기억하며 풀기

아무리 훌륭한 목표를 세웠더라도 그것을 이루기 위해 노력하지 않으면 아무 소용이 없다. 그 목표를 이루기 위해 어떤 노력을 해야 하는지 알고, 지금 내가 할 수 있는 일부터 차근차근 해 나간다면 나의 목표를 이룰 수 있다.

1. 목표를 세운 다음에는 무엇을 해야 할까?

① 다른 사람의 목표는 무엇인지 알아본다

② 목표를 이루었을 때의 모습을 상상한다

③ 목표를 이루기 위하여 어떤 행동을 해야 하는지 써 본다

④ 다른 목표를 생각해 본다

2. 우리는 목표를 이루기 위해서 어떤 일부터 해야 할까?

① 가장 복잡하고 어려운 일부터 시작해야 한다

② 가장 간단하고 쉬운 일부터 시작해야 한다

③ 가장 성공하기 어려운 일부터 시작해야 한다

④ 가장 하고 싶은 일부터 시작해야 한다

3. 목표를 이루기 위한 행동 중에 가장 간단하고 쉬운 일부터 시작한다면 어떻게 될까?

① 자신감을 가지고 끊임없이 노력하게 된다

② 너무 쉬워서 더 노력하지 않게 된다

③ 목표를 이룬 것 같아서 더 노력하지 않게 된다

④ 다른 목표를 찾게 된다

행동 계획 세우기

5장과 6장을 통해 목표의 중요성과 목표를 세우는 방법, 목표를 이루는 방법에 대해 알아보았다. 이제 지금까지 배운 것을 활용해 볼 차례다. 아래에 퉁퉁이의 겨울 방학 다이어트 계획표가 있다. 이것을 참고해서 나의 목표와 그것을 이루기 위해 해야 할 일들을 써 보자.

퉁퉁이의 겨울 방학 다이어트 계획		
목표	겨울 방학 동안에 10킬로그램을 뺀다	
목표를 이루기 위해 해야 할 일	운동한다	
	살을 빼기 위한 식단*으로 바꾼다	
구체적인 행동 계획	운동	일주일에 3번 이상, 한 번에 30분씩 학교 운동장을 달린다
		일요일마다 아버지와 등산을 한다
	식단	하루 세 끼를 꼭 챙겨 먹는다
		고기와 채소를 골고루 먹는다
		저녁 7시 이후에는 음식을 먹지 않는다
		군것질을 하지 않는다

● ● ● **낱말 풀이**
식단 : 일정한 기간 동안 먹을 음식의 종류와 순서를 짜 놓은 계획표

나의 _____ 계획	
목표	
목표를 이루기 위해 해야 할 일	
구체적인 행동 계획	

머릿속에 넣기

① 목표를 정하기 위한 'SMART 법칙'은 '구체적이고, 측정할 수 있고, 노력하면 이룰 수 있고, 나에게 만족감을 주고, 시간제한이 있는 목표를 세운다'는 것이다.

② 큰 목표를 달성하려면 그것을 지금 이룰 수 있는 작은 목표로 나누어야 한다.

③ 목표를 이루는 순서는 '일상적인 목표 → 단기 목표 → 중기 목표 → 장기 목표 → 최종 목표'다.

④ 목표를 설정한 후 구체적인 행동 계획을 세우고 가장 간단하고 가장 쉬운 것 그리고 가장 빨리 완성할 수 있는 것부터 시작해야 한다.

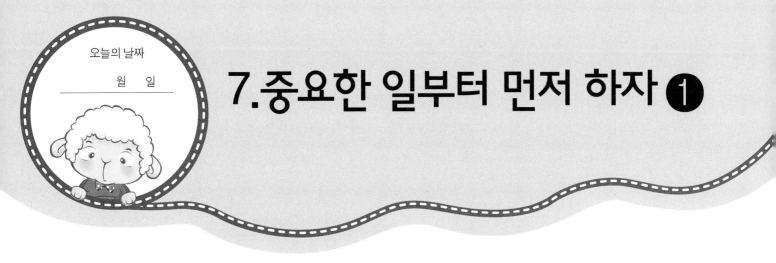

사람들은 서로 목표가 다르기 때문에 그것을 이루기 위해 해야 할 일도 다르다. 따라서 목표를 이루려면 자신에게 중요한 일이 무엇인지 알아야 하고 그것부터 해내려고 노력해야 한다. 이번 장에서는 여러 가지 일 중에 내가 가장 먼저 해야 할 일과 나중에 해도 될 일을 정하는 방법에 대하여 알아볼 것이다.

세호와 준혁이의 서로 다른 공부법

세호와 준혁이는 같이 공부하고 함께 뛰어놀면서 언제나 붙어 다니는 단짝이다. 새 학기가 되어 열심히 공부하기로 다짐한 두 친구는 학습지를 하기로 했다. 학습지 종류에는 반에서 공부를 제일 잘하는 친구가 보는 '똘똘이 학습지'와 기초부터 알려 주는 '기초탄탄 학습지', 수학 학습지인 '수학 천재'와 국어 학습지인 '훈민정음'이 있었다.

세호는 자신이 잘하는 것과 못하는 것이 무엇인지 생각해서 어떤 학습지를 할 것인지 정하기로 했다. 세호는 수학을 좋아해서 수학 성적은 좋았지만 국어는 어려워서 혼자 공부하기 힘들었다. 그래서 국어 성적을 더 올리기로 마음먹고 국어 학습지인 '훈민정음'을 보기로 했다.

하지만 준혁이는 자신이 무엇을 잘하고 무엇을 더 공부해야 하는지 생각해 보지 않았다. 수학과 국어를 모두 잘 하고 싶었고, 선생님께서는 기초부터 공부하는 게 중요하다고 하셨다. 그리고 공부를 잘하는 친구가 보는 학습지는 뭔가 특별해 보였다. 결국 준혁이는 학습지 네 개를 모두 하기로 했다.

시험 기간이 되자 준혁이는 세호와 함께 공부하기 위해 세호의 집으로 갔다.

세호는 자신이 잘하는 수학부터 시작하여 빨리 공부를 끝냈다. 그리고 남은 시간 동안 국어 학습지를 천천히 풀었다. 어려운 부분이 있었지만 공부할 시간이 충분했기 때문에 시험 범위[*]를 다 공부할 수 있었다.

하지만 준혁이는 달랐다. 국어 학습지를 공부하다가 수학 공부도 해야 할 것 같아서 수학 학습지를 폈고, 모르는 부분이 많이 나오자 기초 학습지를 보기 시작했다. 그렇게 이것저것 보다 보니 책상 앞에 오래 앉아 있었지만 제대로 공부한 과목은 하나도 없었다. 결국 시험 범위를 다 공부하지 못하고, 학습지도 이것저것 조금씩 풀어 놓기만 한 채 시험을 치게 되었다.

얼마 후 시험 결과가 나왔다. 세호는 평소처럼 수학에서 높은 점수를 받았고 국어에서 성적이 크게 올랐다. 하지만 한 과목도 제대로 공부하지 못한 준혁이는 모든 과목에서 높은 점수를 받지 못했다.

세호와 준혁이는 같은 시간 동안 공부했지만 서로 다른 결과를 얻었다. 세호는 자신에게 중요한 것이 무엇인지 알고 행동했지만 준혁이는 그렇게 하지 못했기 때문이다.

세호는 부족한 부분을 보충[*]하는 것이 중요하다고 생각했고 그래서 여러 학습지 중에 국어 학습지를 선택했다. 그리고 시험 공부를 할 때도 잘하는 과목부터 끝낸 후에 많은 시간을 들여 부족한 과목을 공부했다. 하지만 준혁이는 어떤 공부가 중요한지 생각해 보지도 않고 다른 친구들이 하는 것을 이것저것 따라하기만 했다.

이렇게 세호처럼 자신에게 가장 중요한 일이 무엇인지 알고 그것을 해내려고 노력해야 자신의 목표를 이룰 수 있다.

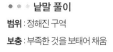

● ● ● **낱말 풀이**
범위: 정해진 구역
보충: 부족한 것을 보태어 채움

● ● ● **낱말 풀이**
철강 회사: 쇠와 철을 만들어서 파는 회사
성과: 이루어 낸 결실

베들레헴강철의 성공 비법

미국의 철강 회사[*]인 베들레헴강철의 회장, 찰스 슈바프는 고민이 있었다. 직원들은 항상 열심히 일하는데, 성과[*]는 좋지 않았기 때문이다. 그들은 매일 여러 가지 일을 한꺼번에 하느라 정신이 없었다. 그래서 가장 중요한 일이 무엇인지 생각해 볼 시간도 가지지 못한 채 그저 열심히 일했다.

찰스 슈바프는 이러한 문제를 해결하려고 경영 컨설턴트*인 아이비 리에게 어떻게 하면 직원들이 효율적*으로 일하게 할 수 있는지 물어보았다. 그러자 아이비 리는 자신 있게 의견을 내놓았다.

"먼저, 아침에 출근하면 오늘 해야 할 일 6가지를 종이에 적으세요. 그리고 중요한 순서대로 1에서 6까지 번호를 매기세요. 그 다음엔 1번 일부터 시작하는 겁니다. 1번 일을 마치면 2번 일을 하고, 2번 일을 끝내면 3번 일을 하고…. 그렇게 순서대로 일하세요. 이렇게 우선순위*를 매겨서 일하는 것을 매일 반복한다면 시간을 잘 활용할 수 있을 겁니다."

이것은 간단해 보이는 방법이지만 효과*는 대단했다. 직원들은 매일 할 일에 대한 계획을 세워서 일했으므로 시간을 효율적으로 사용할 수 있었다. 덕분에 베들레헴강철의 생산량도 빠르게 늘어났다. 몇 년 후 베들레헴강철은 세계에서 가장 큰 철강 회사가 될 수 있었다.

우리가 목표를 이루기 위해 해야 할 일은 다양하다. 베들레헴강철의 직원들도 생산량을 늘린다는 목표를 이루기 위해 여러 가지 일을 해야 했을 것이다.

하지만 모든 일이 똑같이 중요한 것은 아니다. 따라서 베들레헴강철의 직원들처럼 가장 중요한 일이 무엇인지도 모르고 그저 열심히만 한다면 성공할 수 없다.

목표를 이루기 위해서 해야 할 일 중에서 무엇이 가장 중요한 일인지 아는 것이야말로 같은 노력으로 최대의 효과를 내는 방법이다.

● ● ● **낱말 풀이**
컨설턴드 : 기업 경영에 관한 전문적인 의견이나 조언을 말해 주는 사람
효율적 : 들인 노력에 비하여 얻는 결과가 큰 것
우선순위 : 어떤 것을 먼저 차지하거나 사용할 수 있는 차례
효과 : 행동에 따른 좋은 결과

베들레헴강철의 이야기를 통해 중요한 일이 무엇인지 정확하게 알고 그것을 이루기 위해 노력해야 성공할 수 있다는 것을 배웠다. 해야 할 일이 많을 때, 가장 중요한 일이 무엇인지 알고 그것부터 해야 성공할 수 있다는 것을 기억하자.

1. 베들레헴강철 회장이 가지고 있던 걱정거리는 무엇이었을까?

    ① 다른 강철 회사가 많이 생기는 것

    ② 직원들이 쉬운 일도 제대로 못하는 것

    ③ 직원들이 가장 중요한 일이 무엇인지도 모르고 일하는 것

    ④ 좋은 직원을 뽑지 못하는 것

2. 아이비 리는 베들레헴강철 회장에게 어떤 조언을 해 주었을까?

    ① 모든 일을 다 잘 해야 한다

    ② 일을 할 때 서로 도우면서 해야 한다

    ③ 문제가 무엇인지 정확하게 알아야 한다

    ④ 중요한 일부터 먼저 해야 한다

3. 아이비 리의 조언은 베들레헴강철에 어떤 영향을 주었을까?

    ① 직원들은 사건에 따라 우선순위를 정하지 않아도 되었다

    ② 사장도 간단한 일을 직접 처리할 수 있게 되었다

    ③ 회사 전체의 효율이 크게 높아졌다

    ④ 회장이 사원들을 더욱 걱정하게 되었다

정확하게
읽기

우선순위를 정하는 'ABCD 법칙'

앞의 이야기에서 우선순위를 정해서 일해야 시간을 효율적으로 사용할 수 있다는 사실을 알 수 있었다. 그렇다면 우선순위는 어떻게 정해야 하는 것일까? 'ABCD 법칙'을 알면 어떤 일부터 먼저 해야 하는지 쉽게 정할 수 있다. 'ABCD 법칙'은 그 일이 중요한지 중요하지 않은지, 빨리 해야 하는 일인지 천천히 해도 되는 일인지를 생각하여 일의 우선순위를 정하는 것이다.

우리가 해야 할 일은 다음의 표와 같이 네 가지로 나눌 수 있다.

	급한 일	급하지 않은 일
중요한 일	A. 중요하고 급한 일	B. 중요하지만 급하지 않은 일
중요하지 않은 일	C. 중요하지 않지만 급한 일	D. 중요하지도 않고 급하지도 않은 일

A. 중요하고 급한 일

잘 해냈을 때 많은 것을 얻을 수 있고, 못했을 때 손해*가 생기는 일이다. 갑자기 생긴 문제나 기간이 정해진 일이 여기에 해당한다. 시간 안에 빨리 해야 하는 일이라서 모든 일 중에 가장 먼저 해야 한다.

B. 중요하지만 급하지 않은 일

A만큼 중요하지만 빨리 해야 하는 일은 아니다. 하지만 너무 오래 미루면 '중요하고 급한 일'이 되므로 평소에 미리 해 두면 좋다.

C. 중요하지 않지만 급한 일

나에게 중요한 일이 아니므로 천천히 해도 괜찮은 일이다. 하지만 다른 사람에게는 급한 일이고 내가 도와주어야 하는 상황이라면 나에게도 급한 일이 된다. 기억해야 할 점은 나에게 중요한 일이 아니기 때문에 이 일에 많은 시간을 빼앗겨서는 안된다는 것이다.

D. 중요하지도 않고 급하지도 않은 일

반드시 해야 할 필요는 없는 일이다. 잘하면 이익을 얻을 수도 있지만 하지 않는다고 안 좋은 것은 아니다.

• • • • 낱말 풀이
손해 : 들인 노력보다 얻는 것이 적음

기억하며 풀기

해야 할 일을 'ABCD 법칙'으로 나누고, A → B → C → D의 순서대로 일을 한다면 같은 시간 동안 일하더라도 더 많은 결과를 얻을 수 있다. 그럼 문제를 통해 해야 할 일을 A, B, C, D로 구분하는 연습을 해 보자.

1. '중요한 일'이란 무엇일까? (모두 선택)

① 내가 만족할 수 있는 일　　　② 나의 목표를 이룰 수 있게 해 주는 일

③ 하지 않으면 큰 손해를 보는 일　④ 성취감*을 느낄 수 있는 일

⑤ 책임을 지지 않아도 되는 일

⑥ 노력한 만큼 성과를 얻을 수 있는 일

⑦ 다른 사람의 도움 없이 혼자 할 수 있는 일

⑧ 많은 사람에게 도움이 될 수 있는 일

⑨ 노력하지 않아도 되는 일

2. '급한 일'이란 무엇일까? (모두 선택)

① 아주 쉬운 일　　　　　　② 아주 어려운 일

③ 아주 귀찮은 일　　　　　④ 빨리 해야 하는 일

⑤ 지금 당장 해결해야 하는 문제

3. 다음 중 '중요하고 급한 일'은 무엇일까? (모두 선택)

① 해외여행하기

② 불난 집의 불 끄기

③ 배탈이 난 친구에게 약 사다 주기

④ 시험공부하기

⑤ 숙제하기

⑥ 축구를 하다가 다친 친구를 양호실에 데려가기

⑦ 친구와 이야기하기

⑧ 친구의 생일 선물 사기

4. '중요하고 급한 일'은 어떻게 해야 할까?

① 하지 않는다   ② 가장 마지막에 한다

③ 가장 먼저 한다   ④ 조금 늦게 한다

5. 다음 중 '중요하지만 급하지 않은 일'은 무엇일까? (모두 선택)

① 오늘의 일을 반성하기   ② 게임하기

③ 운동하기   ④ TV 보기

⑤ 가족과 함께 이야기하기   ⑥ 영어 배우기

⑦ 앞으로 무엇을 할지 계획하기 ⑧ 아버지와 바둑 두기

6. '중요하지만 급하지 않은 일'에는 어떤 특징이 있을까?

① 지금 해야 하는 일이고 다 하려면 시간이 많이 걸린다

② 지금 해야 하는 일이고 금방 다 할 수 있다

③ 지금 해도 되고 나중에 해도 되는 일인데 금방 다 할 수 있다

④ 지금 해도 되고 나중에 해도 되지만 다 하려면 시간이 많이 걸린다

7. 다음 중 '중요하지 않지만 급한 일'은 무엇일까?

① 자동차 고치기   ② 연극표 사기

③ 학교 수업 듣기   ④ 친구의 컴퓨터를 수리해 주기

⑤ 영어 공부 하기   ⑥ 갑자기 집으로 찾아온 친구 만나기

⑦ 물을 쏟은 바닥을 청소하기 ⑧ 농구 연습 하기

8. '중요하지 않지만 급한 일'은 어떻게 해야 할까?

① 신경쓰지 않는다

② '중요하지만 급하지 않은 일'을 하고 난 다음에 한다

③ 가장 먼저 한다

④ 많은 시간을 들여서 처리*한다

● ● ● **낱말 풀이**

처리 : 일을 순서에 따라 정리해서 하거나 마무리를 지음

9. 다음 중 '중요하지도 않고 급하지도 않은 일'은 무엇일까?

① 자원봉사*하기　　　　　② 친구와 전화로 이야기하기

③ 동생에게 공부 가르치기　　④ 방 청소하기

⑤ 오랫동안 쇼핑하기　　　　⑥ 책 읽기

⑦ 컴퓨터 게임 하기

● ● ● **낱말 풀이**

자원봉사 : 어떤 일을 대가 없이 자발적으로 참여하여 도움

10. '중요하지도 않고 급하지도 않은 일'은 어떻게 해야 할까?

① 친구들과 함께 한다

② 부모님의 허락을 받고 한다

③ 하지 않거나 다른 일을 다 하고 마지막에 한다

④ 오랫동안 한다

11. 'ABCD 법칙'에서 A, B, C, D를 어떤 순서로 해야 할까?

① A → B → C → D　　　　② A → B → D → C

③ B → A → C → D　　　　④ A → C → B → D

12. '중요하고 급한 일'이 생기지 않도록 어떻게 해야 할까?

① 중요하지 않지만 급한 일은 하지 않는다

② 중요하지도 않고 급하지도 않은 일을 하지 않는다

③ 평소에 중요하지 않지만 급한 일을 한다

④ 평소에 중요하지만 급하지 않은 일을 많이 해 둔다

13. 다음 중 '중요하고 급한 일'이 생기지 않게 하는 행동은 어떤 것일까?

① 평소에 TV를 많이 봐서 친구들과 이야기할 수 있는 화제를 만들어 둔다

② 평소에 컴퓨터 게임을 많이 해서 기분 전환*을 한다

③ 운동을 꾸준히 해서 병에 걸리지 않도록 한다

④ 평소에 자주 쇼핑을 해서 스트레스를 푼다

● ● ● **낱말 풀이**

기분 전환 : 기분을 지금과 다르게 바꿈

14. 자기도 모르게 시간을 낭비*하게 되는 일은 어떤 것일까?

● ● ● **낱말 풀이**

낭비 : 시간, 돈 등을 헛되게 씀

① 중요하고 급한 일　　　　② 중요하지만 급하지 않은 일

③ 중요하지 않지만 급한 일　　④ 중요하지도 않고 급하지도 않은 일

① 목표를 이루기 위해서 해야 할 일 중에서 무엇이 가장 중요한 일인지 생각하는 습관을 가지자

② 'ABCD 법칙'으로 해야 할 일을 나누고, 가장 중요한 것부터 순서대로 해야 한다

　A. 중요하고 급한 일

　B. 중요하지만 급하지 않은 일

　C. 중요하지 않지만 급한 일

　D. 중요하지도 않고 급하지도 않은 일

오늘의 날짜

월   일

8.중요한 일부터 먼저 하자 ❷

누구에게나 하루는 24시간으로 정해져 있다. 해야 할 일이 많을 때 일의 우선순위를 정해서 가장 중요한 일부터 하나씩 완성해 간다면 정해진 시간 안에 많은 일을 할 수 있다. 이 장에서는 시간을 효율적으로 활용하기 위해 우선순위를 정하는 연습을 해 볼 것이다.

현진이의 성공적인 하루

현진이는 오늘 할 일이 많았다. 내일까지 내야 하는 글짓기 숙제를 해야 했고, 한 달 후에 나갈 태권도 대회를 위하여 연습도 해야 했다. 그리고 동생에게 수학을 가르쳐 주겠다고 약속했고 좋아하는 연예인이 출현하는 TV 프로그램도 보고 싶었다. 오후 3시에 학교에서 돌아온 현진이는 오늘 안에 이 일들을 다 할 수 있을까 걱정이 되었지만 차근차근 해 나가기로 했다.

먼저 내일까지 내야 하는 글짓기 숙제부터 시작했다. 나의 꿈에 대한 글짓기를 다 하고 나니 2시간이 지났다.

현진이는 저녁을 먹은 후 6시에 태권도장으로 갔다. 대회가 열리는 날까지 아직 한 달 남았지만 태권도 사범*이 되는 것이 꿈인 현진이는 꼭 1등을 하고 싶었기 때문에 매일 도장에 나가서 7시까지 태권도 연습을 했다.

연습을 끝내고 집에 돌아가는 길에 현진이는 반 친구들을 만났다. 친구들은 함께 컴퓨터 게임을 하러 가자고 했고 현진이는 잠깐 망설여졌지만 바로 집에 가기로 했다. 동생에게 수학을 가르쳐 주겠다고 했기 때문이다.

집에 돌아오자 현진이가 좋아하는 연예인이 나오는 TV 프로그램이 시작했다.

● ● ● **낱말 풀이**

사범 : 태권도, 유도 등의 기술을 가르치는 사람

현진이는 TV를 보고 싶었지만 동생과의 약속이 더 중요했으므로 동생을 불러 수학을 가르쳐 주었다.

어느새 밤 10시가 되었고 오늘 해야 했던 중요한 일을 모두 끝낸 현진이는 편안하게 잠자리에 들 수 있었다.

현진이가 오늘 하루 동안 해야 한 일은 '중요하고 급한 일'인 글짓기 숙제, '중요하지만 급하지 않은 일'인 태권도 연습, '중요하지 않지만 급한 일'인 동생에게 공부 가르치기, '중요하지도 않고 급하지도 않은 일'인 TV 보기였다.

현진이는 무엇이 중요하고 급한 일인지 잘 알고 있었고 그 순서대로 일을 하려고 했으므로 목표했던 것을 모두 이룰 수 있었다. 갑자기 마주친 친구들과 함께 컴퓨터 게임을 하러 가지 않고, 집에 와서 TV를 보지 않았던 것은 더 중요한 일이 있었기 때문이다.

이렇게 우선순위를 정해 놓으면 중요하지 않은 일을 하지 않게 되어 정해진 시간을 효율적으로 쓸 수 있다.

정확하게 읽기

항아리 채우기

한 대학의 교수님이 항아리와 돌이 든 자루를 들고 강의실*로 들어왔다. 학생들은 모두 궁금한 표정으로 교수님을 바라보았다. 교수님은 책상 위에 항아리를 올려놓고 학생들을 바라보며 말했다.

"지금부터 이 항아리를 채워 보겠습니다. 먼저 큰 돌멩이부터 넣어 보지요."

교수님은 가지고 온 자루에서 큰 돌멩이를 꺼내 항아리에 가득 채워 넣고 나서 물었다.

"항아리가 다 찼나요?"

학생들은 고개를 끄덕이며 "네"라고 대답했다.

그러자 교수님은 자루에서 작은 돌멩이를 꺼내 항아리에 채워 넣고 나서 다시 물었다.

"이제 항아리가 다 찼나요?"

학생들은 서로 바라보기만 할 뿐 선뜻 대답하지 못했다. 교수님은 자루에서 모래주머니를 꺼내 항아리에 모래를 붓고 나서 다시 물었다.

"이제 항아리가 다 찼나요?"

여전히 학생들은 대답하지 못했다. 교수님은 강의실의 학생들을 한 번 둘러보고 나서, 자루에서 물 한 병을 꺼내 항아리에 부었다. 그리고 학생들에게 물었다.

"여러분은 제가 지금 항아리를 채우는 것을 보며 무엇을 배웠습니까?"

그러자 한 학생이 대답했다.

"아무리 바빠도 시간을 쪼개면 새로운 일을 할 수 있다는 것을 배웠습니다."

학생의 대답을 듣고 선생님은 말했다.

"네, 학생은 그런 점을 배웠군요. 하지만 내가 알려 주려고 한 것은 그게 아닙니다. 여러분이 보셨듯이 처음에 큰 돌멩이부터 넣지 않는다면 항아리에 큰 돌멩이는 들어갈 수 없다는 것입니다."

이 이야기에 나오는 큰 항아리는 하루 24시간, 돌멩이와 모래와 물은 하루 동안에 해야 할 일이라고 생각해 보자. 항아리의 크기가 정해져 있듯이 우리의 하루도 24시간으로 정해져 있다. 우리는 이 하루 동안 큰 돌멩이처럼 매우 중요한 일과 모래나 물처럼 사소한 일을 하게 된다. 교수님이 항아리에 큰 돌멩이를 먼저 집어넣었듯이 우리는 가장 중요한 일부터 해야 한다. 작은 돌멩이나 모래부터 채워 넣으면 큰 돌멩이가 들어갈 자리가 없기 때문이다.

기억하며 풀기

우리는 24시간으로 정해진 하루 동안 여러 가지 일을 해야 한다. 이때 순서를 정하지 않고 아무 일이나 한다면 하루 안에 모든 일을 끝낼 수 없을 것이다. 따라서 항아리에 돌멩이를 채우듯이 가장 중요한 일부터 한 후에 그 다음으로 중요한 일을 차례대로 하는 것이 하루를 알차게 보내는 방법이다.

1. 교수님은 왜 항아리에 큰 돌멩이부터 넣었을까?

① 큰 돌멩이는 들기 어렵기 때문에

② 큰 돌멩이가 학생들의 관심*을 끌기 때문에

③ 처음에 큰 돌멩이를 넣지 않으면 나중에는 들어갈 자리가 없어서 넣기 어렵기 때문에

④ 큰 돌멩이부터 넣어야 보기 좋기 때문에

● ● ● **낱말 풀이**
관심 : 어떤 것에 마음이 끌려 주의를 기울임

2. 큰 돌멩이는 무엇에 비유*할 수 있을까?

① 중요하고 급한 일   ② 중요하지만 급하지 않은 일

③ 중요하지 않지만 급한 일   ④ 중요하지도 않고 급하지도 않은 일

● ● ● **낱말 풀이**
비유 : 어떤 현상이나 사물을 직접 설명하지 않고 다른 비슷한 현상이나 사물에 빗대어서 설명하는 일

3. '중요하고 급한 일'을 먼저 하려고 계획하지 않는다면, 그 이유는 무엇일까?

① '중요하고 급한 일'은 갑자기 생기는 문제라서 언제 일어날지 예상*하기 어렵기 때문에

② '중요하고 급한 일'은 해결하기 어렵기 때문에

③ '중요하고 급한 일'은 다른 사람의 도움을 받아야 하기 때문에

④ '중요하고 급한 일'은 쉽게 해결할 수 있기 때문에

● ● ● **낱말 풀이**
예상 : 어떤 일을 직접 당하기 전에 미리 생각하여 둠

4. 만약에 큰 돌멩이가 '중요하지만 급하지 않은 일'이라면 왜 이것부터 계획해야 할까? (모두 선택)

① 중요하지만 급하지 않은 일은 해결하기 쉽기 때문에 일의 만족도를 높일 수 있다

② 중요하지만 급하지 않은 일은 도전적이기 때문에 문제 해결 능력을 높일 수 있다

③ 중요하지만 급하지 않은 일을 먼저 처리하지 않으면 다른 일을 할 시간이 남지 않는다

④ 중요하지만 급하지 않은 일을 하면 그것이 중요하고 급한 일로 발전*하는 것을 막을 수 있다

● ● ● **낱말 풀이**
발전 : 일이 어떤 방향으로 전개됨

실천해
보기

큰 짐을 내려놓자

'중요하지만 급하지 않은 일'은 마음에 짐이 된다. 중요하다는 것은 알지만 당장 하지 않아도
되는 일이라서 마음속으로 '해야 하는데…'라는 생각만 하게 되기 때문이다. 하지만 이 일은
평소에 해 두지 않으면 '중요하고 급한 일'이 되어서 나를 더 힘들게 만들 수 있다. 예를 들어
평소에 '공부해야 하는데…'라고 걱정만 하고 막상 공부를 하지 않으면, 시험 기간이 되어서
벼락치기*로 힘들게 공부해야만 한다. 이렇게 마음의 짐이 나를 힘들게 하는 것을 막기 위해
나에게 '중요하지만 급하지 않은 일'은 무엇인지 살펴보고 평소에 그 일을 언제 할 것인지 계
획을 세우는 시간을 가지자.

1. '중요하지만 급하지 않은 일'을 써 보자.

이번 주에 내가 해야 할 일은 무엇인지 생각해 보자. 그리고 그중에 '중요하지
만 급하지 않은 일'을 써 보자.

①

②

③

④

⑤

● ● ● **낱말 풀이**

벼락치기: 임박하여 급히 서둘러
일을 하는 방식

2. '중요하지만 급하지 않은 일'이 무엇인지 알았다면, 그 일을 언제 할지 계획
   을 세워 보자.

요일	해야 할 일
월	
화	
수	
목	
금	
토	
일	

3. '중요하고 급한 일'과 '중요하지 않지만 급한 일'을 써 보자.

'중요하고 급한 일'과 '중요하지 않지만 급한 일'이 있으면 이런 일부터 먼저 하
게 되어서 '중요하지만 급하지 않은 일'은 못하게 된다. 하지만 '중요하지만 급
하지 않은 일'을 평소에 한다면 급한 일들도 계획적으로 할 수 있다. 앞에서 '중
요하지만 급하지 않은 일'을 언제 할지 계획을 세웠으니, 이제 '중요하고 급한
일'과 '중요하지 않지만 급한 일'에는 어떤 것들이 있는지 써 보자.

①

②

③

④

⑤

'ABCD 법칙'으로 우선순위 정하기

지금까지 일의 우선순위를 정해서 차례대로 일하면 시간을 효율적으로 활용할 수 있다는 것을 배웠다. 이제 'ABCD 법칙'으로 우선순위를 정하는 것을 연습해 볼 차례다. 이렇게 무엇이 중요하고 무엇이 급한지 구분하는 방법을 몸에 익혀서 실제로 내가 해야 하는 일의 우선순위를 정하는 데 활용해 보자.

1. 다음은 어떤 일에 해당할까?

> **다음 주 금요일에 숙제를 내야 한다**

① 중요하고 급한 일　　　　② 중요하지만 급하지 않은 일

③ 중요하지 않지만 급한 일　④ 중요하지도 않고 급하지도 않은 일

2. 다음은 어떤 일에 해당할까?

> **내일 국어 시험을 본다**

① 중요하고 급한 일　　　　② 중요하지만 급하지 않은 일

③ 중요하지 않지만 급한 일　④ 중요하지도 않고 급하지도 않은 일

3. 다음은 어떤 일에 해당할까?

> **할아버지를 찾아 뵙는다**

① 중요하고 급한 일　　　　② 중요하지만 급하지 않은 일

③ 중요하지 않지만 급한 일　④ 중요하지도 않고 급하지도 않은 일

4. 다음은 어떤 일에 해당할까?

> **수업이 끝난 후에 테니스를 배우러 간다**

① 중요하고 급한 일　　　　② 중요하지만 급하지 않은 일

③ 중요하지 않지만 급한 일　④ 중요하지도 않고 급하지도 않은 일

5. 다음은 어떤 일에 해당할까?

친하지 않은 친구가 컴퓨터 게임을 하자고 한다

① 중요하고 급한 일   ② 중요하지만 급하지 않은 일

③ 중요하지 않지만 급한 일   ④ 중요하지도 않고 급하지도 않은 일

6. 다음은 어떤 일에 해당할까?

친한 친구들과 주말에 여행을 가기로 했다

① 중요하고 급한 일   ② 중요하지만 급하지 않은 일

③ 중요하지 않지만 급한 일   ④ 중요하지도 않고 급하지도 않은 일

7. 다음은 어떤 일에 해당할까?

동생에게 영어 단어를 가르쳐 준다

① 중요하고 급한 일   ② 중요하지만 급하지 않은 일

③ 중요하지 않지만 급한 일   ④ 중요하지도 않고 급하지도 않은 일

8. 다음은 어떤 일에 해당할까?

친구의 고장 난 컴퓨터를 고쳐 준다

① 중요하고 급한 일   ② 중요하지만 급하지 않은 일

③ 중요하지 않지만 급한 일   ④ 중요하지도 않고 급하지도 않은 일

9. 다음은 어떤 일에 해당할까?

일요일마다 가족들과 함께 영화를 본다

① 중요하고 급한 일   ② 중요하지만 급하지 않은 일

③ 중요하지 않지만 급한 일   ④ 중요하지도 않고 급하지도 않은 일

10. 다음은 어떤 일에 해당할까?

> 외국인 선생님의 집에 가서 영어를 배운다

① 중요하고 급한 일   ② 중요하지만 급하지 않은 일

③ 중요하지 않지만 급한 일   ④ 중요하지도 않고 급하지도 않은 일

① 해야 하는 일에 우선순위를 매겨서 하루를 알차게 보내야 한다.

② '중요하지만 급하지 않은 일'을 평소에 해 두어서 '중요하고 급한 일'로 발전하지 못하게 해야 한다.

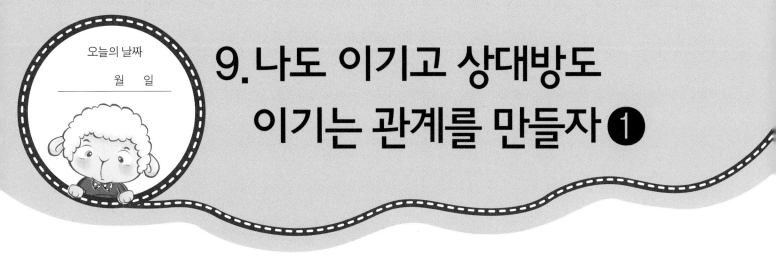

9. 나도 이기고 상대방도 이기는 관계를 만들자 ❶

성공이란 무엇일까? 다른 사람을 이기는 것일까, 다른 사람의 성공을 돕는 것일까? 진정한 성공은 나도 이기고 상대방도 이기는 것이다. 나의 이익만 생각해서 욕심을 부리거나 상대방에게 양보만 해서는 진정한 성공을 이룰 수 없다. 이 장에서는 함께 성공하는 관계가 왜 중요한지에 대하여 배워 볼 것이다.

오늘의 배울거리

친구와 함께 학급 위원이 되는 방법

한 학교에서 반장 선거가 있었다. 연꽃반에서는 선화와 수정이가, 들꽃반에서는 여진이와 혜리가 후보*로 나왔다. 선화와 수정이는 단짝이었기 때문에 둘 중 한 명만 반장이 되면 둘 사이가 나빠질 것 같았다. 따라서 둘 다 하고 싶었던 반장을 하면서 사이가 나빠지지 않을 방법을 생각해 보았다. 한 반에 반장은 한 명이기 때문에 둘 다 반장이 될 수는 없지만 만약 한 명이 반장을 하고 다른 한 명이 부반장을 한다면 둘 다 학급 위원이 될 수 있었다.

따라서 선화와 수정이는 한 사람은 반장 선거에 나가고, 한 사람은 부반장 선거에 나가기로 정했다. 선화는 작년에 반장을 했었기 때문에 수정이를 반장 후보로 추천*했고 자신은 부반장 선거에 나가겠다고 했다. 선거 결과, 둘은 반장과 부반장에 뽑혔고 하고 싶었던 학급 임원을 하면서 친구 사이도 돈독하게* 유지할 수 있었다.

들꽃반의 여진이와 혜리도 둘 다 반장이 되고 싶었다. 하지만 둘 다 같은 반의 친구들과 친했기 때문에 함께 반장 선거에 나가면 표가 나뉘어서 둘 다 떨어질 수도 있었다. 그러나 둘 다 반장이 되고 싶었기 때문에 한 사람이 떨어지는 것

낱말 풀이

후보 : 선거에서 어떤 직위나 신분을 얻으려고 일정한 자격을 갖추어 나섬. 또는 그런 사람.

추천 : 어떤 조건에 적합한 대상을 책임지고 소개함

돈독하다 : 서로의 관계에 사랑이나 인정이 많고 깊다

은 어쩔 수 없다고 생각했고 반장 선거에 나갔다. 선거 결과, 여진이와 혜리는 비슷한 표를 얻으면서 떨어졌고 다른 친구가 반장이 되었다. 반장 선거에 나가면 부반장 선거에는 나갈 수 없었기 때문에 부반장도 될 수 없었다.

선화와 수정이가 둘 다 학급 위원이 될 수 있었던 이유는 한 사람이 이기기 위해 다른 한 사람이 져야 하는 것은 아니라는 사실을 알았기 때문이다. 둘 다 학급 위원이 되는 방법 즉, 나도 이기고 상대방도 이기는 방법을 찾고 그렇게 행동했기 때문에 원하는 것을 얻을 수 있었다. 하지만 여진이와 혜리는 내가 이기는 것은 상대방이 지는 것이라고 생각했고 둘 다 이기는 방법이 있을 것이라고 생각하지 못했다. 결국 둘 다 학급 위원이 되지 못했다. 이처럼 나도 이기고 상대방도 이기는 것이 진정한 성공이라고 할 수 있다.

정확하게
읽기

인간관계*의 구조*

사람들 사이의 관계는 누가 이기고 누가 지느냐에 따라서 네 가지로 나눌 수 있다.

첫째, 나도 이기고 상대방도 이기는 관계(win-win)

윈(win)은 '이기다'라는 뜻으로 나도 이기고 상대방도 이기는 것을 '윈-윈(win-win)'이라고 한다. 윈-윈하기 위해서는 내가 얻고 싶은 것과 상대방이 얻고 싶어 하는 것이 무엇인지 알고, 나와 상대방이 둘 다 원하는 것을 얻을 수 있도록 노력해야 한다.

둘째, 상대방에게 손해를 주고 나만 이익*을 얻는 관계(win-lose)

루즈(lose)는 '지다'라는 뜻으로 '윈-루즈(win-lose)'는 나는 이기고 상대방은 지는 것을 말한다. 이러한 관계의 사람들은 내가 이기는 것만 중요하게 생각하고 다른 사람의 손해는 아랑곳하지* 않는다.

셋째, 나는 손해를 보고 상대방은 이익을 얻는 관계(lose-win)

'루즈-윈(lose-win)'은 자신의 이익을 포기하고 상대방이 성공할 수 있도록 돕는 것을 말한다. 상대방을 돕는다는 것은 좋은 태도 같지만 자신을 희생*하는 것은 옳지 않다.

● ● ● ● **낱말 풀이**
인간관계 : 인간과 인간, 또는 인간과 집단과의 관계를 통틀어 이르는 말
구조 : 부분이나 요소가 어떤 전체를 짜 이룬 얼개
이익 : 물질적으로나 정신적으로 보탬이 되는 것
아랑곳하다 : 일에 나서서 참견하거나 관심을 두다
희생 : 다른 사람이나 어떤 목적을 위하여 자신의 목숨, 재산, 명예, 이익을 바치거나 버림

넷째, 나도 지치고 상대방도 지치는 관계 (lose-lose)

'루즈-루즈(lose-lose)'는 서로 자신의 이익만 생각하면서 상대방을 돕지 않기 때문에 서로 손해를 주고 결국 둘 다 지는 관계다.

이 네 가지 인간관계의 구조는 아래의 그림과 같이 나타낼 수 있다.

	내가 이긴다	내가 진다
상대방이 이긴다	나도 이기고 상대방도 이기는 관계 (win-win)	나는 손해를 보고 상대방은 이익을 얻는 관계 (lose-win)
상대방이 진다	상대방에게 손해를 주고 나만 이익을 얻는 관계 (win-lose)	나도 지치고 상대방도 지치는 관계 (lose-lose)

기억하며 풀기

누가 이기고 누가 지냐에 따라 사람들 사이의 관계를 나눌 수 있다. 상대방에게 손해를 주고 나만 이익을 얻는 관계도 있고, 나는 손해를 보고 상대방은 이익을 얻는 관계도 있다. 그리고 서로 손해를 보며 지치는 관계도 있다. 하지만 가장 바람직한 것은 나도 이기고 상대방도 이기는 관계다.

1. 다음의 말과 행동은 어떤 인간관계에 해당할까?

> 내가 갖지 못한다면 너도 가질 수 없어

① 나도 이기고 상대방도 이기는 관계

② 상대방에게 손해를 주고 나만 이익을 얻는 관계

③ 나는 손해를 보고 상대방은 이익을 얻는 관계

④ 나도 지치고 상대방도 지치는 관계

2. 다음의 말과 행동은 어떤 인간관계에 해당할까?

> ### 내가 시키는 대로 해라

① 나도 이기고 상대방도 이기는 관계

② 상대방에게 손해를 주고 나만 이익을 얻는 관계

③ 나는 손해를 보고 상대방은 이익을 얻는 관계

④ 나도 지치고 상대방도 지치는 관계

3. 다음의 말과 행동은 어떤 인간관계에 해당할까?

> ### 나도 기쁘고 너도 기쁘다

① 나도 이기고 상대방도 이기는 관계

② 상대방에게 손해를 주고 나만 이익을 얻는 관계

③ 나는 손해를 보고 상대방은 이익을 얻는 관계

④ 나도 지치고 상대방도 지치는 관계

4. 다음의 말과 행동은 어떤 인간관계에 해당할까?

> ### 정의*를 위하여 희생될지라도 비열하게* 살지는 않겠다

① 나도 이기고 상대방도 이기는 관계

② 상대방에게 손해를 주고 나만 이익을 얻는 관계

③ 나는 손해를 보고 상대방은 이익을 얻는 관계

④ 나도 지치고 상대방도 지치는 관계

● ● ● **낱말 풀이**

정의 : 진리에 맞는 올바른 도리

비열하다 : 하는 짓이나 성품이 천하고 졸렬하다

5. 다음의 말과 행동은 어떤 인간관계에 해당할까?

> 자신의 의견*을 주장*하지 않고 상대방의 의견에 따른다

① 나도 이기고 상대방도 이기는 관계

② 상대방에게 손해를 주고 나만 이익을 얻는 관계

③ 나는 손해를 보고 상대방은 이익을 얻는 관계

④ 나도 지치고 상대방도 지치는 관계

● ● ● **낱말 풀이**

의견 : 어떤 대상에 대하여 가지는
생각

주장 : 자기의 의견이나 주의를 굳
게 내세움

6. 다음의 말과 행동은 어떤 인간관계에 해당할까?

> 나의 즐거움을 위해 다른 사람의 고통을 모른 체한다

① 나도 이기고 상대방도 이기는 관계

② 상대방에게 손해를 주고 나만 이익을 얻는 관계

③ 나는 손해를 보고 상대방은 이익을 얻는 관계

④ 나도 지치고 상대방도 지치는 관계

7. 다음의 말과 행동은 어떤 인간관계에 해당할까?

> 내가 희생해서 다른 사람을 돋보이게 한다

① 나도 이기고 상대방도 이기는 관계

② 상대방에게 손해를 주고 나만 이익을 얻는 관계

③ 나는 손해를 보고 상대방은 이익을 얻는 관계

④ 나도 지치고 상대방도 지치는 관계

8. 다음의 말과 행동은 어떤 인간관계에 해당할까?

네가 나에게 잘해 줄 것이 아니라면 내가 너에게 잘해 주지 않는 것을 서운해 하지 마

① 나도 이기고 상대방도 이기는 관계
② 상대방에게 손해를 주고 나만 이익을 얻는 관계
③ 나는 손해를 보고 상대방은 이익을 얻는 관계
④ 나도 지치고 상대방도 지치는 관계

9. 다음의 말과 행동은 어떤 인간관계에 해당할까?

모두에게 도움이 되는 방법을 찾아라

① 나도 이기고 상대방도 이기는 관계
② 상대방에게 손해를 주고 나만 이익을 얻는 관계
③ 나는 손해를 보고 상대방은 이익을 얻는 관계
④ 나도 지치고 상대방도 지치는 관계

10. 다음의 말과 행동은 어떤 인간관계에 해당할까?

오직 '나'만 생각한다

① 나도 이기고 상대방도 이기는 관계
② 상대방에게 손해를 주고 나만 이익을 얻는 관계
③ 나는 손해를 보고 상대방은 이익을 얻는 관계
④ 나도 지치고 상대방도 지치는 관계

11. 다음의 말과 행동은 어떤 인간관계에 해당할까?

'나'뿐만 아니라 '우리'도 생각해야 한다

① 나도 이기고 상대방도 이기는 관계

② 상대방에게 손해를 주고 나만 이익을 얻는 관계

③ 나는 손해를 보고 상대방은 이익을 얻는 관계

④ 나도 지치고 상대방도 지치는 관계

12. 다음의 말과 행동은 어떤 인간관계에 해당할까?

모두 최고의 실력*을 발휘*하기 바란다

① 나도 이기고 상대방도 이기는 관계

② 상대방에게 손해를 주고 나만 이익을 얻는 관계

③ 나는 손해를 보고 상대방은 이익을 얻는 관계

④ 나도 지치고 상대방도 지치는 관계

● ● ○ ○ **낱말 풀이**

실력 : 실제로 갖추고 있는 힘이나 능력

발휘 : 재능, 능력 등을 떨치어 나타냄

13. 다음의 말과 행동은 어떤 인간관계에 해당할까?

모두가 만족할 수 있게 하라

① 나도 이기고 상대방도 이기는 관계

② 상대방에게 손해를 주고 나만 이익을 얻는 관계

③ 나는 손해를 보고 상대방은 이익을 얻는 관계

④ 나도 지치고 상대방도 지치는 관계

14. 다음의 말과 행동은 어떤 인간관계에 해당할까?

> 내가 실패하면 너도 실패할 줄 알아!

① 나도 이기고 상대방도 이기는 관계

② 상대방에게 손해를 주고 나만 이익을 얻는 관계

③ 나는 손해를 보고 상대방은 이익을 얻는 관계

④ 나도 지치고 상대방도 지치는 관계

15. 다음의 말과 행동은 어떤 인간관계에 해당할까?

> 나도 할 수 있고 너도 할 수 있어

① 나도 이기고 상대방도 이기는 관계

② 상대방에게 손해를 주고 나만 이익을 얻는 관계

③ 나는 손해를 보고 상대방은 이익을 얻는 관계

④ 나도 지치고 상대방도 지치는 관계

정확하게 읽기

내 논*에 물 대기*

옛날 어느 마을에 가뭄*이 들었다. 논에서 벼농사를 지으려면 물이 필요한데 저수지*의 물이 거의 말라 버려서 마을 사람들은 어떻게 농사를 지을지 걱정이었다. 조금 남은 저수지 물을 어떻게 사용할 것인지에 대하여 마을 회의*가 열리던 날, 욕심이는 저수지가 있는 곳이 자기 땅이므로 저수지의 물도 자신의 것이라고 우겼다. 그러고는 다음 날 바로 저수지의 물을 자신의 논으로 끌어 왔다.

마을 사람들은 크게 놀랐지만 농사를 포기할 수 없어서 다른 마을에서 물을 끌어 와 공동*으로 농사를 지었다. 물의 양이 적었기 때문에 모든 논에 농사를 지을 수 없었고, 결국 적은 논에 함께 농사를 지어서 곡식*을 나누어 가지기로 한 것이다.

선선한 가을이 오고 추수*할 때가 되었다. 욕심이는 농사를 지을 때 물이 충분

했기 때문에 많은 벼를 수확*할 수 있었다. 하지만 자신의 이익만을 생각하는 태도 때문에 마을 사람들에게서 소외*되었다. 반면에 마을 사람들은 비록 벼를 많이 수확하지는 못했지만 함께 농사를 짓고 어려움을 이겨 내면서 더욱 친해지게 되었다.

욕심이는 자신의 농사만 중요하게 생각하여 다른 사람들이 농사를 지을 수 있는지 없는지는 생각하지 않았다. 자신이 이익을 얻기 위해서 상대방이 어떤 손해를 보게 되는지 관심이 없었던 것이다.

이렇게 이기적인 태도를 가지면 자신이 원하는 것을 얻을 수도 있지만 다른 사람들과 좋은 관계를 만들 수는 없다. 자기밖에 모르는 사람을 좋아하는 사람은 없기 때문이다. 다른 사람들에게서 소외되어 있다면 혼자 힘으로 할 수 없는 일에 도움을 받을 수 없고 더 큰 성공을 이룰 수 없다.

따라서 우리는 눈앞의 이익만 생각하지 말고 다른 사람과 돈독한 관계를 가졌을 때 얻을 수 있는 것들도 생각해야 한다.

● ● ● **낱말 풀이**

수확 : 익은 농작물을 거두어들임

소외 : 어떤 무리에서 기피하여 따돌리거나 멀리함

우리는 다른 사람들과 함께 살아가기 때문에 자신의 이익뿐만 아니라 다른 사람들의 이익도 생각해야 한다. 자신은 이익을 얻고 다른 사람은 손해를 보게 된다면 당장은 성공할 수 있을지 모른다. 하지만 이기적인 사람은 다른 사람들에게 소외되므로 더 큰 성공은 이룰 수 없게 된다는 점을 기억해야 한다.

1. 상대방에게 손해를 주고 나만 이익을 얻으려는 사람들은 어떤 생각을 가지고 있을까?

① 상대방이 적게 가지면 내가 가지는 것은 그대로이다

② 상대방이 많이 가지면 내가 가지는 것도 많다

③ 상대방이 적게 가지면 내가 가지는 것도 적다

④ 상대방이 많이 가지면 내가 가지는 것이 적다

2. 상대방에게 손해를 주고 나만 이익을 얻으려는 사람들의 목표는 무엇일까?

① 자신이 더 많이 손해 보는 것　② 자신이 더 많이 가지는 것

③ 자신이 더 적게 손해 보는 것　④ 자신이 더 적게 가지는 것

3. 상대방에게 손해를 주고 나만 이익을 얻으려는 사람들은 어떻게 생각하고 행동할까? (모두 선택)

① 늘 다른 사람을 이용한다

② 승리에 대해 지나치게 욕심을 가진다

③ 언제나 자신의 고집*을 꺾지 않는다

④ 성공한 다른 사람을 질투*한다

⑤ 다른 사람을 딛고 올라서려고 한다

⑥ 다른 사람의 이익은 생각하지 않는다

⑦ 다른 사람이 성공할 수 있도록 도와준다

⑧ 다른 사람을 위해 봉사한다

●●● **낱말 풀이**

고집 : 자기의 의견을 바꾸거나 고치지 않고 굳게 버팀

질투 : 다른 사람이 잘되거나 좋은 처지에 있는 것 등을 공연히 미워하고 깎아내리려 함

정확하게 읽기

부탁을 거절*하지 못하는 청년

한 마을에 부탁을 잘 들어주는 청년이 있었다. 옆집 지붕이 무너진 것도 고쳐 주고, 앞집 아이들도 돌봐 주고, 윗집 할머니를 시장에 데려다 드리기도 했다. 마을 사람들은 청년을 믿음직스럽게 생각했고 어려운 일이 생길 때마다 청년을 찾았다.

하지만 시간이 지나자 마을 사람들의 태도가 조금씩 바뀌었다. 청년이 자신의 부탁을 들어주는 것을 당연하게 생각하고, 들어주지 못하면 서운해 하는* 것이었다. 어느 날, 앞집 부부가 청년을 찾아왔다.

"우리가 다음 주에 부부 동반*으로 여행을 가기로 했는데, 이틀 동안 우리 아이들을 좀 돌봐 주면 안될까?"

청년은 다음 주에 부모님이 계신 고향에 가기로 했기 때문에 부탁을 들어줄 수 없다고 했다. 그러자 부부는 말했다.

●●● **낱말 풀이**

거절 : 상대편의 요구, 제안, 선물, 부탁 등을 받아들이지 않고 물리침

서운하다 : 마음에 모자라 아쉽거나 섭섭한 느낌이 있다

동반 : 일을 하거나 길을 가는 등의 행동을 할 때 함께 짝을 함

"사정*이 있는 건 알겠는데 우리도 부탁할 사람이 없어서 그래. 아이들끼리만 집에 두고 갈 수는 없잖아. 이번 한 번만 도와주면 안될까?"

청년은 해야 할 일이 있지만 그것을 계속 주장하지 못했고, 결국 고향에 가지 않고 앞집 아이들을 돌봐 주었다.

얼마 후 옆집 아저씨가 청년을 찾아와서 내일 자신의 집을 수리*할 때 도와달라고 부탁했다. 하지만 청년은 자신의 마당을 청소할 계획이었으므로 일을 도와줄 수 없다고 했다. 그러자 아저씨는 화를 내기 시작했다.

"왜 하필 내일 마당 청소를 하는 거야? 장마*가 오기 전에 집수리를 끝내야 한다고! 지난주에 앞집 수리는 도와주더니, 우리 집은 일부러 안 도와주는 거 아냐?"

청년은 다른 사람에게 미움을 받는 것이 싫었기 때문에 자기 집의 마당 청소를 다음으로 미루고 옆집으로 가서 집수리를 도왔다. 시간이 지나면 지날수록 청년은 마을 사람들의 부탁을 거절하지 못하게 되었다. 그리고 다른 사람의 부탁을 들어주는 데 하루를 다 보내느라 자신의 일은 제대로 하지 못했다.

청년은 자신의 일을 하지 못하고 마을 사람들의 부탁을 들어주었다. 이것은 다른 사람을 돕는 '봉사 활동'과 비슷해 보이지만, 자신이 손해를 보면서 다른 사람을 돕는다는 점에서 큰 차이가 있다. 봉사활동은 내가 어려운 사람을 돕고 싶어서 스스로 하는 것이고 보람*을 느낄 수 있다. 하지만 다른 사람의 부탁을 어쩔 수 없이 들어주면 즐겁지도 않고 자신의 일도 못하게 된다. 따라서 자신의 이익을 포기한 채 다른 사람이 이익을 얻도록 도와주는 관계는 바람직하지* 않다.

자신을 희생해서 남을 돕는 것은 아름다운 행동이다. 하지만 자신이 손해를 보면서 다른 사람의 이익을 위해 일하는 것은 다르다. 다른 사람의 미움을 받지 않기 위해 어쩔 수 없이 다른 사람을 돕고, 사람들이 그것을 당연하게 받아들이는 것은 서로에게 좋은 관계가 아니다.

● ● ● ● 낱말 풀이
사정 : 일의 형편이나 까닭
수리 : 고장 나거나 허름한 데를 손보아 고침
장마 : 여름철에 여러 날 동안 계속해서 비가 내리는 현상이나 날씨
보람 : 어떤 일을 한 뒤에 얻어지는 좋은 결과나 만족감
바람직하다 : 바랄 만한 가치가 있다

기억하며
풀기

1. 나는 손해를 보고 상대방은 이익을 얻게 하는 사람들은 어떤 생각을 가지고 있을까?

① 외부로부터의 압력*을 참고 견뎌야* 한다

② 무슨 일이든 끝까지 두고 봐야 한다

③ 나는 실패하지 않는다

④ 성공하기 위해서 내가 더 노력해야 한다

2. 나는 손해를 보고 상대방은 이익을 얻게 하는 사람들은 왜 자신의 의견을 다른 사람에게 말하는 것을 두려워할까?

① 다른 사람의 말을 따르는 것이 두렵기 때문

② 다른 사람이 자신을 무시*할까봐 두렵기 때문

③ 다른 사람이 자신을 미워할까봐 두렵기 때문

④ 다른 사람의 칭찬을 받는 것이 두렵기 때문

3. 나는 손해를 보고 상대방은 이익을 얻게 하는 사람들은 어떻게 될까?

① 다른 사람들에게 존경받는다   ② 다른 사람들에게 칭찬받는다

③ 다른 사람들에게 무시당한다   ④ 다른 사람들에게 사랑받는다

4. 나는 손해를 보고 상대방은 이익을 얻게 하는 사람들은 어떻게 생각하고 행동할까? (모두 선택)

① 다른 사람이 강력하게* 이야기하면 자신의 의견과 달라도 묵묵히 따른다

② 자기만의 원칙*이 없다

③ 늘 자신이 원하는 것을 말하지 않는다

④ 자신감이 없다

⑤ 다른 사람이 나를 무시해도 기분 나쁘다는 표현을 하지 못한다

⑥ 자신을 좋게 평가하지 않는다

⑦ 자존심*이 강하다

⑧ 다른 사람과 진심*으로 대화를 나눈다

나도 지치고 상대방도 지치는 관계

한 동네에 대형* 마트가 들어오게 되었다. 가격도 싸고 물건의 종류도 다양해서 대형 마트를 찾는 손님은 점점 늘어 갔다. 그러자 오래 전부터 동네에서 장사를 하던 '알뜰 슈퍼'와 '행복 슈퍼'에는 손님이 줄어들기 시작했다. 물건을 정가*대로 팔았지만 대형 마트에서 물건을 사 본 손님들에게는 물건 값이 너무 비싸게 느껴졌기 때문이다.

위기*를 느낀 '알뜰 슈퍼'와 '행복 슈퍼'는 어떻게 하면 대형 마트의 손님들을 다시 자신의 가게로 끌어올 수 있을지 고민했다.

먼저 '알뜰 슈퍼'는 물건 값을 내렸다. 대형 마트만큼 싼 가격은 아니었지만 '행복 슈퍼'보다는 저렴했기 때문에 어느 정도 손님들이 올 것이라고 예상했다. '알뜰 슈퍼'가 가격을 내렸다는 소식을 듣고 '행복 슈퍼'는 더욱 걱정이 되었다. 그나마 오는 손님들마저 빼앗길 것 같았기 때문이다. '행복 슈퍼'는 '알뜰 슈퍼'가 가격을 내린 것보다 더욱 싼 가격에 물건을 팔기로 했다. 이윤*이 많이 남지는 않았지만 물건을 하나도 못 파는 것보다는 나았다.

'알뜰 슈퍼'는 '행복 슈퍼'가 가격을 내렸다는 얘기를 듣고 경쟁심*이 생겼다. 그렇게 두 슈퍼는 번갈아 가며 물건 가격을 낮추었고 결국 슈퍼에서 물건을 사들이는 것보다 더 싼 가격에 물건을 팔았다. 이윤은 없고 오히려 손해만 보았기 때문에 결국 두 가게 모두 망하게 되었다.

처음에 '알뜰 슈퍼'와 '행복 슈퍼'는 대형 마트가 들어 와서 위협*을 느꼈다. 하지만 둘이 힘을 합쳐서 대형 마트로부터 손님을 지키려고 하지 않고, 자신만 살아남으려고 무리하게 가격을 낮추었다. 결국 서로 경쟁하면서 손해를 보다가 두 곳 모두 망하게 되었다.

이렇듯 서로 협력*하지 않고 양보하지 않으면 경쟁이 치열해지면서* 서로 힘들어지게 된다. 만약에 두 슈퍼 중 한 곳만 문을 닫고 한 곳은 살아남았다 하더라도 계속 낮은 가격을 유지하면서 장사하기는 힘들었을 것이다. 따라서 자기만 이기려고 애쓰는* 사이는 서로 지치게 하여 결국 둘 다 패배*하게 된다.

● ● ● **낱말 풀이**

대형: 같은 종류의 사물 가운데 큰 규격이나 규모

정가: 상품에 매긴 값

위기: 위험한 고비나 시기

이윤: 장사를 하여 남은 돈

경쟁심: 남과 겨루어 이기거나 앞서려는 마음

위협: 힘으로 으르고 협박함

협력: 힘을 합하여 서로 도움

치열하다: 기세나 세력 등이 불길같이 맹렬하다

애쓰다: 마음과 힘을 다하여 무엇을 이루려고 힘쓰다

패배: 겨루어서 짐

기억하며 풀기

서로 자신의 이익만을 생각하여 욕심을 부리고 양보하지 않는 사이를 '서로 지치게 하는 관계'라고 한다. 이런 사람들은 어떻게든 상대방을 이기고 싶어 하기 때문에 자신이 손해를 입는 줄도 모르고 경쟁하게 된다. 따라서 다른 사람과 이런 관계가 되지 않도록 조심해야 한다.

● ● ● **낱말 풀이**
대가 : 일정한 결과를 얻기 위하여 하는 노력이나 희생
장애물 : 가로막아서 거치적거리게 하는 사물

1. 서로를 지치게 하는 사람들은 어떤 생각을 가지고 있을까?

① 어떤 대가*를 치르더라도 상대방을 이기려고 한다

② 어떤 대가를 치르더라도 목표를 달성하려고 한다

③ 어떤 대가를 치르더라도 어려움을 이겨 내려고 한다

④ 어떤 대가를 치르더라도 장애물*을 없애려고 한다

2. 서로를 지치게 하는 사람들은 결국 어떻게 될까?

① 서로 이해하게 된다　　② 각자 성공하게 된다

③ 함께 일하게 된다　　④ 둘 다 패배하게 된다

3. 서로를 지치게 하는 사람들의 특징은 무엇일까? (모두 선택)

① 어른스럽지 않다

② 자신의 이익을 희생하려고 하지 않는다

③ 어떤 이익을 얻을 수 있을지 생각하고 나서 행동한다

④ 다른 사람의 입장*에서 생각한다

⑤ 충동적*이다

⑥ 옳고 그름을 생각하지 않고 행동한다

● ● ● **낱말 풀이**
입장 : 처하여 있는 상황이나 형편
충동적 : 마음속에서 어떤 욕구 같은 것이 갑작스럽게 일어나는 것

머릿속에 넣기

① 사람들 사이의 관계는 누가 이기고 누가 지느냐에 따라서 네 가지로 나눌 수 있다.

1. 이기고 상대방도 이기는 관계 (win-win)

2. 상대방에게 손해를 주고 나만 이익을 얻는 관계 (win-lose)

3. 나는 손해를 보고 상대방은 이익을 얻는 관계 (lose-win)

4. 나도 지치고 상대방도 지치는 관계 (lose-lose)

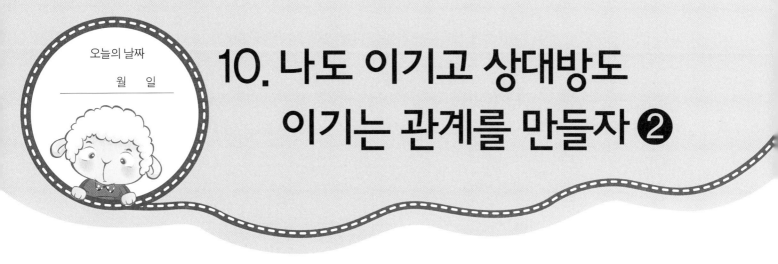

10. 나도 이기고 상대방도 이기는 관계를 만들자 ❷

9장에서는 누가 이기고 누가 지느냐에 따라 인간관계의 종류를 네 가지로 나누었다. 그중 가장 바람직한 관계는 '나도 이기고 상대방도 이기는 관계'다. 이번 장에서는 '나도 이기고 상대방도 이기는 관계'가 왜 가장 좋은 관계인지 알아보고 그런 관계를 만들기 위한 원칙은 무엇인지 배워 보자.

오늘의 배울거리

전쟁에서 승리한 마을은 성공한 것일까?

옛날에 아람 마을과 가람 마을이 있었다. 두 마을은 사이가 무척 나빴다. 그래서 사과나무 숲을 가운데 두고 사과나무 숲을 반으로 나누어, 서로의 영역*에 침범*하지 못하게 했다. 그러던 어느 날 아람 마을 청년이 사과를 따러 갔다가 가람 마을의 사과나무를 보고 욕심을 부리게 되었다.

"저쪽 사과나무가 더 크고 탐스럽네. 저 마을 녀석들만 저렇게 맛있는 사과를 먹게 둘 수는 없지."

청년은 아람 마을의 사과나무 숲에서 가람 마을 사과나무 숲으로 넘어갔다. 그리고 먹음직스러운 사과를 몽땅 따서 집으로 돌아갔다.

다음 날, 가람 마을에서는 소동*이 일어났다. 사과나무의 사과가 너무 많이 없어졌기 때문이다. 가람 마을 촌장*이 마을 사람들을 불러 모아 누가 사과를 따 갔는지 물었지만 마을 사람 중에 사과를 딴 사람은 없었다. 촌장은 아람 마을 사람들이 따 간 것이 확실하다고 판단하고 아람 마을로 찾아갔다.

"서로 자기 마을의 사과나무가 아니면 손대지 않기로 약속했지 않소! 왜 약속을 어기는 것이오. 어제 가져간 사과의 두 배를 물어내시오*."

낱말 풀이

영역 : 한 나라의 주권이 미치는 범위

침범 : 남의 영토나 권리, 재산 등에 해를 끼침

소동 : 사람들이 놀라거나 흥분하여 시끄럽게 법석거리고 떠들어 대는 일

촌장 : 한 마을의 우두머리

물어내다 : 남에게 입힌 손해를 돈으로 갚거나 본래의 상태로 되돌려 주다

"다짜고짜 찾아와서 사과를 내놓으라니 어이가 없구려. 우리 마을에 그렇게 무례한* 짓을 할 사람은 없소. 갑자기 찾아와서 도둑 취급*하다니 기분 나쁘오!"

옥신각신하던 두 촌장은 결국 화해하지 못했다. 싸움에 지쳐 마을로 돌아가던 가람 마을 사람들은 괘씸한 마음에 아람 마을의 사과나무에서 사과를 몽땅 따 갔다.

이렇게 되자 두 마을에는 전쟁이 일어나게 되었다. 집에 불을 지르고 농사지은 땅을 못 쓰게 만들었다. 사과나무 숲도 태워 버렸다. 상황이 심각해지자 처음에 사과를 따 갔던 아람 마을 청년이 촌장에게 자신의 잘못을 고백했다. 결국 아람 마을 촌장은 가람 마을 촌장에게 사과했고, 가람 마을 사람들은 자신들이 전쟁에서 이겼다는 사실에 기뻐했다. 하지만 기쁨은 잠시뿐이었다. 전쟁이 끝난 후 두 마을에는 황폐해진* 땅과 재*가 된 집만 남았기 때문이다.

위의 이야기처럼 서로 상대방을 이기려고만 한다면 어느 한 쪽도 진정한 성공을 이룰 수 없다. 전쟁에 승리한 쪽이나 패배한 쪽이나 전쟁이 끝난 후 예전의 생활로 돌아가기 힘들 정도로 많은 것을 잃었기 때문이다. 당장 먹을 것도 없었고 땅은 황폐해져서 농사를 지을 수도 없었다. 그리고 제대로 된 집 한 채 남지 않았기 때문에 추위를 피해 쉴 곳도 없었다. 이렇게 아무것도 남는 것이 없는 전쟁은 누구에게도 이득*이 될 수 없다.

정확하게 읽기

물고기와 낚싯대 중 무엇을 선택해야 살아남을 수 있을까?

깊은 숲 속에서 길을 잃은 두 사람이 걷고 있었다. 오랫동안 아무 것도 먹지 못한 두 사람은 이제 지칠 대로 지쳐서 더 이상 걸을 수가 없었다. 이때 낚싯대와 물고기를 든 천사가 나타났다. 천사는 둘 중에서 원하는 것을 하나씩 줄 테니 그 자리에서 물고기를 바로 먹거나, 조금 떨어진 곳에 있는 호수에 가서 낚시를 하라고 했다.

한 사람은 한 발짝도 걸을 수 없을 정도로 지쳤기 때문에 당장 먹을 수 있는 물고기를 선택했다. 그리고 다른 한 사람은 조금만 더 참고 호수까지 걸어가면 물고기를 낚을 수 있었으므로 낚싯대를 선택했다. 이렇게 각자 하나씩 선택하자 천사는 그것을 나누어 주고 사라졌다. 물고기를 고른 사람은 그 자리에서 물고기를 먹었고 낚싯대를 선택한 사람은 호수로 떠났다.

얼마 후, 낚싯대를 가지고 호수를 찾아가던 사람은 배고픔을 참지 못하고 호수에 도착하기도 전에 쓰러졌다. 그리고 물고기를 먹고 길을 떠났던 사람은 호수에 도착했지만 낚싯대가 없어서 낚시를 할 수 없었기 때문에 다시 배고픔에 시달리다가 쓰러지고 말았다.

두 사람이 모두 살 수 있는 방법은 무엇이었을까? 물고기를 나누어 먹고 함께 호수까지 가서 낚시를 했다면 더 이상 배고픔에 시달리지 않고 길을 찾아갈 수 있었을 것이다. 이렇게 나와 상대방이 모두 이득을 얻는 것을 '윈-윈'이라고 한다. 나도 이기고 상대방도 이기는 관계의 사람들은 어느 한 쪽이 희생하지 않고 서로 협력하여 '우리'가 성공하는 것을 목표로 한다. 따라서 인간관계 구조에서 '나도 이기고 상대방도 이기는 관계'가 가장 바람직하다.

기억하며 풀기

'윈-윈'이란 나도 이기고 상대방도 이기는 관계를 말한다. 진짜 성공은 둘 중 어느 한 쪽이 성공하는 것이 아니라 둘 다 성공하는 것이다. 이 점을 기억하고 누군가와 경쟁할 때 나와 상대방이 둘 다 이길 수 있는 방법이 무엇인지 생각하고 행동하는 지혜*를 가져야 한다.

● ● ● **낱말 풀이**
지혜 : 사물의 이치를 빨리 깨닫고 사물을 정확하게 처리하는 정신적 능력

1. 낚싯대를 선택한 사람은 왜 살아남지 못했을까?

① 배고픔을 참을 수가 없었기 때문에

② 처음부터 물고기를 선택하지 않았기 때문에

③ 호수로 가는 길을 몰랐기 때문에

④ 낚싯대를 쓸 줄 몰랐기 때문에

2. 물고기를 선택한 사람은 왜 살아남지 못했을까?

① 호수에 물고기가 없었기 때문에

② 호수에 도착했지만 낚싯대가 없어서 물고기를 낚을 수가 없었기 때문에

③ 처음부터 낚싯대를 선택하지 않았기 때문에

④ 낚싯대를 쓸 줄 몰랐기 때문에

3. 어떻게 했더라면 두 사람이 모두 살 수 있었을까?

① 천사에게 낚싯대 하나를 더 달라고 했더라면

② 물고기와 낚싯대를 두 사람이 함께 나누었더라면

③ 천사에게 물고기 한 마리를 더 달라고 했더라면

④ 한 사람이 물고기와 낚싯대를 다 가졌더라면

4. 이 이야기를 통해 무엇을 배울 수 있을까?

① 서로 조화를 이루어야 '윈-윈' 할 수 있다

② 서로 격려해야 '윈-윈' 할 수 있다

③ 서로 경쟁해야 '윈-윈' 할 수 있다

④ 서로 협력해야 '윈-윈' 할 수 있다

5. 나도 이기고 상대방도 이기는 관계의 사람들은 어떤 생각을 가지고 있을까?

① 상대방이 불쾌*하면 나는 즐겁다   ② 상대방이 즐거우면 나는 불쾌하다

③ 상대방이 즐거우면 나도 즐겁다   ④ 상대방이 불쾌하면 나도 불쾌하다

• • • **낱말 풀이**
불쾌 : 못마땅하여 기분이 좋지 않음

6. 나도 이기고 상대방도 이기는 관계의 사람들은 무엇을 목표로 하고 있을까?

① 나도 이기고 상대방도 이기는 것   ② 내가 이기고 상대방이 지는 것

③ 내가 지고 상대방이 이기는 것   ④ 나와 상대방이 둘 다 지는 것

7. 나도 이기고 상대방도 이기는 관계의 사람들은 무엇에 관심을 가질까?

① 나　　　　　② 상대방　　　③ 우리　　　　④ 다른 사람들

8. 나도 이기고 상대방도 이기는 관계의 사람들은 어떻게 생각하고 행동할까?

(모두 선택)

① 다른 사람이 성공할 수 있도록 돕는다

② 모든 사람들의 이익에 관심을 갖는다

③ 다른 사람의 실패를 이용해서 성공한다

④ 다른 사람에게 아첨*한다

⑤ 다른 사람과 함께 성공하는 것을 좋아한다

⑥ 다른 사람의 성공을 기뻐한다

⑦ 자신이 성공하기를 원한다

⑧ 다른 사람도 성공하기를 바란다

● ● ● **낱말 풀이**
아첨 : 남의 환심을 사거나 잘 보이
려고 알랑거림

9. 다음 중 가장 좋은 관계는 무엇일까?

① 나도 이기고 상대방도 이기는 관계

② 상대방에게 손해를 주고 나만 이익을 얻는 관계

③ 나는 손해를 보고 상대방은 이익을 얻는 관계

④ 나도 지치고 상대방도 지치는 관계

'윈-윈'하기 위한 두 가지 원칙

나도 이기고 상대방도 이기기 위해서는 어떻게 해야 할까?

첫째, 나의 이익과 상대방의 이익을 모두 생각해야 한다

9장에서 보았던 '사람들의 부탁을 거절하지 못하는 청년'의 이야기를 떠올려

보자. 그는 자신이 해야 할 일이 있었지만 그것을 말하지 못하고 다른 사람들

의 부탁을 모두 들어주었다. '윈-윈'하기 위해서는 자신이 원하는 것을 똑바로

표현할 수 있어야 하고 무조건 남을 위하는 것이 아니라 자신의 이익도 추구*

● ● ● **낱말 풀이**
추구 : 목적을 이룰 때까지 뒤쫓아
구함

해야 한다.

그렇다고 자신의 논에만 물을 댔던 욕심이처럼 자신의 이익만 생각해서는 안 된다. 나와 상대방이 모두 이기기 위해서 상대방이 성공할 수 있도록 도와주어야 한다.

이렇듯 '윈-윈'하기 위해서는 나의 이익과 상대방의 이익을 모두 생각할 줄 알아야 하고, 서로 협동하여 함께 성공할 수 있도록 노력해야 한다.

둘째, 자신과 경쟁해야 한다

9장에서 두 슈퍼가 서로 경쟁하다가 결국 둘 다 망하게 된 이야기를 떠올려 보자. 두 슈퍼는 대형 마트에 손님을 빼앗기고, 간간이* 오는 손님들을 차지하기 위해 계속 물건 값을 낮추다가 결국 이윤*을 남기지 못하고 문을 닫게 되었다. 이렇게 서로 이기려고 경쟁한다면 누구도 성공하지 못하고 둘 다 패배하게 된다. 그러므로 우리는 다른 사람과 경쟁하기보다 자기 자신과 경쟁해야 한다.

자신과 경쟁한다는 것은 어제의 내 모습보다 오늘의 내 모습이 더 낫도록 노력하는 것이다. 알뜰 슈퍼는 팔고 있는 물건을 소개하는 광고지를 만들어서 동네 사람들에게 나누어 주고, 물건을 살 때마다 쿠폰을 주고 손님들이 그 쿠폰을 모아 오면 개수에 따라 선물을 주거나 할인을 해 주면 된다. 이렇게 손님들에게 자신의 가게를 더 많이 알리고 손님들이 더 자주 오게 하는 방법을 찾아본다면 다른 가게를 이기려고 무리하게 가격을 내리지 않아도 장사가 잘될 것이다.

● ● ● **낱말 풀이**
간간이 : 공간적인 거리를 두고 듬성듬성
이윤 : 장사를 하여 남은 돈
터득 : 깊이 생각하여 이치를 깨달아 알아냄

● ● ● **낱말 풀이**
자질 : 타고난 성품이나 소질
포용 : 남을 너그럽게 감싸 주거나 받아들임
배려 : 도와주거나 보살펴 주려고 마음을 씀

나도 이기고 상대방도 이기는 관계를 만들기 위해 어떤 덕목을 가져야 할까? 먼저 나의 이익과 상대방의 이익을 모두 생각할 수 있어야 한다. 그리고 상대방과 경쟁하려고 하는 것이 아니라 자기 자신과 경쟁하려고 해야 한다.

1. '윈-윈' 하기 위해 어떤 자질*을 가져야 할까? (모두 선택)

① 포용*　　② 배려*　　③ 자신감　　④ 성실
⑤ 활달　　⑥ 존경　　⑦ 용기　　⑧ 공평

● ● ● 낱말 풀이
유익 : 이롭거나 도움이 될 만한 것
이 있음

2. 다음 중 어떤 경쟁이 유익*한 것일까?

① 자신과 다른 사람 사이의 경쟁   ② 자기 자신과의 경쟁

③ 자신과 가족 사이의 경쟁   ④ 다른 사람들 사이의 경쟁

● ● ● 낱말 풀이
잠재력 : 겉으로 드러나지 않고 속
에 숨어 있는 힘

3. 자기 자신과 경쟁해야 하는 이유는 무엇일까?

① 자기 자신에게 복종하여 자신의 잠재력*을 최대한 발휘할 수 있기 때문에

② 자기 자신을 억제하여 자신의 잠재력을 최대한 발휘할 수 있기 때문에

③ 자기 자신을 응원하여 자신의 잠재력을 최대한 발휘할 수 있기 때문에

④ 자기 자신에게 도전하여 자신의 잠재력을 최대한 발휘할 수 있기 때문에

4. 다음 중 나에게 도움이 안 되는 생각은 어떤 것일까? (모두 선택)

① 나는 다른 사람보다 나아야 한다

② 성공해야만 다른 사람의 존경을 받을 수 있다

③ 진 사람은 잘 하는 것이 하나도 없다

④ 나는 나의 잠재력을 발휘할 수 있다

⑤ 결과가 중요하다

⑥ 다른 사람이 내 말을 듣도록 만들어야 한다

5. 위의 생각이 나에게 도움이 안 되는 이유는 무엇일까? (모두 선택)

① 사람은 여러 분야에서 모두 다르기 때문

② 사람은 여러 분야에서 모두 비슷하기 때문

③ 사람은 여러 분야에서 모두 똑같기 때문

④ 어떤 면에서 다른 사람이 나보다 우월하기* 때문

⑤ 어떤 면에서 다른 사람이 나보다 못하기 때문

⑥ 어떤 면에서 다른 사람이 나와 똑같기 때문

● ● ● 낱말 풀이
우월하다 : 다른 것보다 낫다

6. 다른 친구의 성적이 나보다 우수할 때, '나도 이기고 상대방도 이기는' 생각
은 무엇일까?

① 나는 머리가 나쁘니까 좋은 점수를 받을 수 없어

② 그 친구는 비싼 과외를 받으니까 공부를 잘하는 거야

③ 그 친구는 머리가 좋지 않아

④ 그 친구는 열심히 공부를 했을 거야

① 서로 상대방을 이기려고만 한다면 누구도 성공할 수 없다.

② '윈-윈'은 나도 이기고 상대방도 이기는 것으로 가장 바람직한 인간관
계이다.

③ '윈-윈'하기 위해서는 자신의 이익과 상대방의 이익을 모두 생각하고,
다른 사람이 아닌 자기 자신과 경쟁해야 한다.

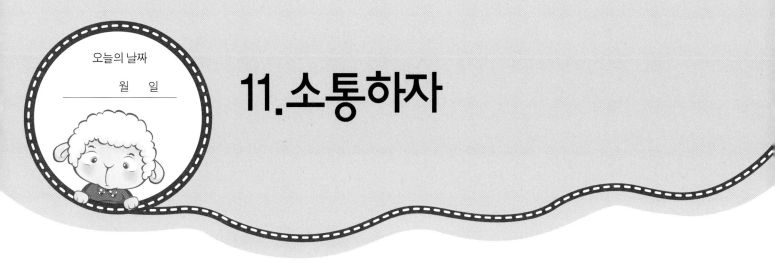

11.소통하자

오늘의 날짜

___월 ___일

우리는 매일 부모님, 형제들, 친구들, 선생님을 만나고 함께 이야기한다. 나의 이야기를 말하고, 다른 사람들의 이야기를 들으면서 서로의 생각을 주고받는다. 이렇게 대화를 통해 서로를 이해하는 것을 소통이라고 하며 소통은 인간관계에서 가장 중요한 부분이다. 이 장에서는 소통의 중요성과 소통을 잘하는 방법을 배워 볼 것이다.

오늘의
배울거리

학급 회의에서 '착한 어린이'를 뽑자!

수지의 반에서 학급 회의가 열렸다. 반장인 수지는 이번 주의 '착한 어린이'를 뽑자고 했다. 아이들은 일주일간 착한 일을 많이 한 친구를 추천하고 왜 그 친구를 착한 어린이로 뽑아야 하는지 이유를 말했다.

"지희가 청소 당번도 아닌데 아침 일찍 학교에 와서 교실 청소를 하는 모습을 봤어. 난 지희가 착한 어린이로 뽑혀야 한다고 생각해."

"지난 과학 시간에 과학 실험을 했을 때 난 너무 어려워서 쩔쩔매고 있었어. 그런데 혜성이가 친절하게 가르쳐 줘서 무사히 실험을 마칠 수 있었지. 난 항상 과학이 어려웠는데 혜성이 덕분에 과학이 재미있다는 걸 알게 되었어. 난 혜성이가 착한 어린이로 뽑혀야 한다고 생각해."

"난 어제 집에 가는 버스 안에서 길에 서 있는 유정이를 봤어. 그때 유정이는 어떤 할머니의 짐을 들어드리고 있었어. 주위에 있는 다른 어른들은 도와주지 않는데 말이야. 난 유정이가 자신에게도 무거워 보이는 짐을 들어드리는 걸 보고 유정이가 대단하다고 생각했어. 그래서 유정이가 착한 어린이로 뽑혀야 한다고 생각해."

이렇게 여러 친구들이 의견을 냈고 반장은 투표를 통해 착한 어린이를 뽑자고 했다. 투표 결과, 유정이가 착한 어린이로 뽑히게 되었다.

학급 회의는 반 친구들과 의견을 교환*하여 중요한 결정을 내리는 것이다. 이렇게 자신이 어떤 생각을 하고 무엇을 느끼는지 상대방에게 전달*하고, 다른 사람의 생각과 감정을 이해하는 것이 소통이다. 우리는 다른 사람들과 함께 살아가고, 사람들은 각자 생각하는 것이 다르므로 서로의 생각을 정확하게 이해하지 않으면 오해나 충돌이 생길 수 있다. 따라서 제대로 소통하는 방법을 알아야 다른 사람들과 함께 잘 살아갈 수 있다.

● ● ● 낱말 풀이
교환 : 서로 주고받음
전달 : 지시, 명령, 물품 등을 다른 사람이나 기관에 전하여 이르게 하다

잘못된 소통이 낳은 비행기 추락 사고

1990년 1월 29일, 콜롬비아에서 출발해서 미국으로 향하던 비행기가 케네디 공항의 비행장* 근처에서 추락하는 사고가 일어났다. 다친 사람과 죽은 사람을 합하면 73명이나 되는 큰 사고였다. 비행기 사고가 나면 그 원인을 알아내기 위해 비행 자료를 자동으로 기록하는 장치인 블랙박스를 조사한다. 블랙박스에는 비행 상태, 조종석* 안의 목소리나 교신* 내용이 기록되어 있으므로 사고 당시에 비행기 안에서 어떤 일이 있었는지 알 수 있다. 나중에 찾아낸 블랙박스의 기록에 따르면, 비행기는 케네디 공항의 상공에서 45분간이나 빙빙 돌았다고 한다. 연료가 부족했기 때문이다. 그러나 비행기의 조종사가 연료가 많지 않다는 사실을 관제탑*에 정확하게 전달하지 않았으므로 관제탑에서는 케네디 공항에서 멀리 떨어진 보스턴 공항에 착륙하라고 지시*했다. 결국 이 비행기는 얼마 가지 못해 연료 부족으로 추락하고 말았다.

● ● ● 낱말 풀이
비행장 : 비행기들이 뜨고 내리고 머물 수 있도록 여러 가지 시설을 갖추어 놓은 곳
조종석 : 항공기에서 조종사가 앉는 자리
교신 : 우편, 전신, 전화 등으로 정보나 의견을 주고받음
관제탑 : 비행장에서 항공기의 이착륙에 관한 지시나 비행장 내의 정리를 행하는 탑
지시 : 일러서 시킴

비행기 추락 사고가 일어난 원인은 무엇일까? 바로 비행기에 연료가 부족하다는 사실이 관제탑에 제대로 전해지지 않았기 때문이다. 이처럼 소통이 제대로 되지 않으면 서로 오해하거나 문제가 생기기 쉽다. 따라서 제대로 된 소통을 통해 자신이 원하는 것을 상대방에게 분명하게 이야기하고 상대방이 원하는 것을 정확하게 이해해야 한다.

다른 사람들과 함께 일할 때는 자신이 원하는 것을 잘 표현하고 상대방이 원하는 것을 잘 알아들어야 한다. 이 점을 기억하며 다음의 문제를 풀어 보자.

1. 비행기가 추락한 원인을 어떻게 찾았을까?

① 보스턴 공항의 블랙박스에 있는 기록을 조사하여

② 케네디 공항의 블랙박스에 있는 기록을 조사하여

③ 비행기의 블랙박스에 있는 기록을 조사하여

④ 관제탑의 블랙박스에 있는 기록을 조사하여

2. 비행기 조종사와 공항의 관제탑은 어떤 문제에 대해서 소통하지 못했을까?

① 비행기에 사용하는 연료의 가격   ② 비행기에 사용하는 연료의 종류

③ 비행기에 사용하는 연료의 양   ④ 비행기에 사용하는 연료의 보급[*]

3. 비행기가 추락한 원인은 무엇일까?

① 비행기의 연료 부족   ② 조종사의 게으름

③ 관제탑의 실수   ④ 비행기의 고장

4. 이 이야기를 통해 무엇을 배울 수 있을까?

① 비행기 조종사는 반드시 영어를 잘 해야 한다

② 사람은 실수를 할 수 있다

③ 사고가 나는 것은 예방[*]할 수 없다

④ 제대로 소통하지 못하면 큰 문제가 생길 수 있다

* • • • **낱말 풀이**

보급 : 물자나 자금 등을 계속해서
대어 줌

* • • • **낱말 풀이**

예방 : 질병이나 재해 등이 일어나
기 전에 미리 대처하여 막는 일

정확하게
읽기

소통의 과정

소통은 어떻게 일어나는 걸까? 소통의 과정을 알아보기 위해 다음의 장면을
상상해 보자.

나와 친구가 마주 보고 서 있다. 방금 전에 함께 극장에서 영화를 봤고 집에 가

기 위해 버스를 기다리는 중이다.

먼저, 나는 영화가 재미있었냐고 묻고 친구는 기대했던 것보다 재미가 없었다고 말하며 실망한 표정을 짓는다. 친구는 나에게 영화가 어땠냐고 묻고 나는 영화가 재미있었다고 대답한다. 그리고 특히 좋았던 장면에 대해 약간 흥분*된 목소리로 이야기한다. 그러자 친구는 고개를 끄덕이며 자신도 그 장면은 재미있었다고 말한다.

나는 다음에 어떤 영화를 함께 볼지 정하기 위해 최근에 개봉*한 영화에는 어떤 것이 있는지 친구에게 이야기해 준다. 친구는 나의 이야기를 들으면서 가장 재미있을 것 같은 영화를 선택하고 그 영화를 함께 보러 가기로 결정한다. 곧 버스가 도착하고 친구와 나는 버스를 타고 집에 간다.

지금까지 친구와 대화하는 장면을 떠올려 보았다. 나를 '소통하는 사람1'이라 하고 친구를 '소통하는 사람2'라고 하자. 소통하는 사람은 자신의 생각, 감정, 의견과 자신이 알고 있는 정보에 대한 이야기를 계속 주고받는다. 이것은 일대일 소통으로 두 사람은 이야기를 하는 '발표자'의 역할과 이야기를 듣는 '접수자'의 역할을 동시에 한다. 나와 친구가 영화에 대해서 서로 묻고 답했던 것처럼 말이다. 이 모습은 다음의 그림과 같이 나타낼 수 있다.

우리는 상대방이 하는 말뿐만 아니라 얼굴 표정이나 말투로 그 사람이 하고자 하는 이야기의 의미를 이해한다. 친구의 실망한 표정을 통해 영화가 재미없었다는 말을 더 잘 이해할 수 있고, 재미있었던 장면을 이야기하는 흥분된 목소리는 내가 그 장면을 얼마나 좋아했는지 잘 나타낸다.

한 연구에 따르면 우리가 소통하는 과정에서 얼굴 표정이나 자세와 같은 '신체 언어'가 55%, 말투는 40%를 차지하고 직접 사용하는 단어나 표현은 7%밖에 차지하지 않는다고 한다. 즉 내가 '재미없다'는 표현을 사용할 때 실망한 표정을 짓거나 낮은 목소리로 말해야 그 뜻이 가장 잘 전달된다는 뜻이다.

소통이란 두 명 이상의 사람들이 서로 정보를 주고받는 과정이다. 이 때 '어떤 표현을 사용하는가'보다 얼굴 표정이나 자세, 목소리가 더 중요하다.

1. 일대일 소통이란 무엇일까?

　① 두 사람이 소통 과정에서 발표자 역할과 접수자 역할을 나누어 하는 것

　② 두 사람이 소통 과정에서 접수자 역할만 하는 것

　③ 두 사람이 소통 과정에서 접수자와 발표자의 역할을 동시에 하는 것

　④ 두 사람이 소통 과정에서 발표자의 역할만 하는 것

2. 다음 중 소통에 해당하는 것은 무엇일까? (모두 선택)

　① 편지　　　　② 혼잣말　　　③ 앉아 있는 자세

　④ 눈빛　　　　⑤ 얼굴 표정　　⑥ 말투[*]

● ● ● **낱말 풀이**

말투 : 말을 하는 버릇이나 본새

3. 소통에서 가장 중요한 부분은 무엇일까?

　① 신체 언어　　② 말투　　　③ 행동　　　④ 단어

4. 언어가 소통에서 차지하는 비율[*]은 얼마일까?

　① 9%　　　　② 8%　　　　③ 7%　　　　④ 6%

● ● ● **낱말 풀이**

비율 : 다른 수나 양에 대한 어떤 수나 양의 비

5. 다른 사람의 이야기를 들으면서 하품을 하는 것은 무엇을 의미할까?

　① 기쁨　　　② 실망　　　③ 지루함　　　④ 분노

6. 친구가 내 물건을 망가뜨린 것을 보고 큰 소리로 원망하는 것은 무엇을 의미할까?

　① 성공　　　② 흥분　　　③ 동정[*]　　④ 실망

● ● ● **낱말 풀이**

동정 : 남의 어려운 처지를 자기 일처럼 딱하고 가엾게 여김

7. 선생님의 질문에 손을 든 학생의 행동은 무엇을 의미할까?

    ① 친구가 아프다   ② 답을 알고 있다

    ③ 답을 모른다   ④ 선생님께 드릴 말씀이 있다

8. 다른 사람을 칭찬할 때 마지막 음을 길게 늘이는 것은 무엇을 의미할까?

    ① 비난[*]   ② 진심   ③ 사랑   ④ 기쁨

9. 이마를 찌푸리는 것은 무엇을 의미할까?

    ① 겸손[*]   ② 집중   ③ 소심   ④ 고민

● ● ● **낱말 풀이**

비난 : 남의 잘못이나 결점을 책잡아서 나쁘게 말함

● ● ● **낱말 풀이**

겸손 : 남을 존중하고 자기를 내세우지 않는 태도가 있음

정확하게
읽기

소통의 원칙

소통을 잘하기 위해서 어떤 태도를 가져야 할까? 다른 친구들과 원만하게[*] 소통하는 진희의 이야기를 통해 '소통의 원칙'을 알아보자.

첫째, 소통을 잘하기 위해서는 상대방의 입장이 되어서 그 사람의 생각, 느낌을 이해해야 한다.

유미가 진희에게 고민 상담[*]을 했다. 자신은 미술 학원을 다니고 싶은데 부모님은 영어나 수학처럼 중요한 과목이 아니라고 하시며 미술 공부를 하는 것을 반대하셨기 때문이다. 자신이 원하는 것을 계속 주장할지, 부모님의 말씀을 따를지 고민하던 유미는 자신의 답답한 마음을 진희에게 털어놓았다.

진희는 유미가 미술을 좋아한다는 사실을 떠올리며 자신이 유미라면 얼마나 실망했을지 상상해 보았다. 그러자 유미의 마음을 이해할 수 있었고 진심으로 유미를 달래 주었다.

둘째, 소통을 잘하기 위해서는 상대방의 의견을 존중[*]해야 한다.

진희와 친구들은 여름 방학 동안 어떤 체험 학습을 할지 의논[*]했다. 농촌 체험, 예절 학교, 수족관, 박물관 등 친구들은 각자 자신이 원하는 곳을 이야기했다. 진희는 천문대[*]에 가고 싶었으므로 다른 친구들과 의견이 달랐다. 하지만 진희는 자신과 다른 의견을 무시하지 않고, 친구들이 왜 그것을 하고 싶어 하는지에 대하여 들어 보았다.

● ● ● **낱말 풀이**

원만하다 : 일의 진행이 순조롭다

상담 : 문제를 해결하거나 궁금증을 풀기 위하여 서로 의논함

존중 : 높이어 귀중하게 대함

의논 : 어떤 일에 대하여 서로 의견을 주고받음

천문대 : 천문 현상을 관측하고 연구하기 위하여 설치한 시설

셋째, 소통을 잘하기 위해서는 상대방의 의견이 나와 다를 때 자신의 의견을 당당하게 말할 수 있어야 한다.

진희는 함께 숙제를 하려고 유미네 집에 갔다. 다음 주까지 내면 되는 숙제여서 시간은 많이 남아 있었다. 유미는 TV를 보고 나서 숙제를 하자고 했다. 하지만 진희는 숙제부터 해 놓고 싶었다. 그래서 숙제를 미리 해 놓지 않으면 마음이 불편해서 TV를 편하게 볼 수 없다고 얘기했고, 유미도 진희의 의견을 받아들여서 숙제부터 하기로 했다.

넷째, 소통을 잘하기 위해서는 자신의 생각을 구체적으로, 솔직하게 말해서 다른 사람이 정확하게 이해할 수 있도록 해야 한다.

유미는 오늘 청소 당번이었다. 하지만 병원에 가야 했기 때문에 진희에게 당번을 바꿔 달라고 부탁했다. 하지만 진희도 학원에 가는 날이었기 때문에 부탁을 들어줄 수 없었다.

진희는 학교를 마치면 바로 학원에 가야 하므로 당번을 바꿔 줄 수 없다고 솔직하게 이야기했다. 유미는 진희의 입장을 이해할 수 있었으므로 부탁을 들어주지 않는 것에 서운해 하지 않고 다른 친구에게 부탁하기로 했다.

다섯째, 소통을 잘하기 위해서는 상대방을 믿고 그 사람과의 약속을 지켜야 한다.

진희와 친구들은 여름 방학 동안 어떤 체험 학습을 할지에 대해 의논하여 예절 학교에 가기로 결정했다. 처음 의견을 냈던 친구가 예절 학교가 어디에 있는지 알아보았고, 다른 친구가 필요한 준비물이 무엇인지 정리했다. 그리고 각자 준비물을 하나씩 맡아서 친구들 것까지 챙겨 가기로 했다.

진희는 친구들과 함께 먹을 쌀을 가져가기로 했고 다른 친구들과의 약속이었으므로 자신이 맡은 것을 잘 챙겼다. 그리고 다른 친구들도 각자 자신이 맡은 준비물을 가져올 것이라고 믿었다.

기억하며 풀기

우리는 다른 사람과 원만하게 소통하기 위해서 상대방을 잘 이해해야 하고, 다른 사람들의 의견을 존중해야 한다. 그리고 나와 의견이 다른 사람에게 자신의 의견을 당당하게 말할 수 있어야 하고, 다른 사람이 나의 의견을 분명하게 이해할 수 있도록 솔직하게 말해야 한다. 그리고 상대방과 한 약속을 꼭 지켜서 신뢰를 유지해야 한다.

1. 다음의 말과 행동은 원만한 소통일까? 원만하지 않은 소통일까?

내가 너의 이야기를 잘 들어 줄게

① 원만한 소통   ② 원만하지 않은 소통

2. 다음의 말과 행동은 원만한 소통일까? 원만하지 않은 소통일까?

자기 자랑을 하면서 말한다

① 원만한 소통   ② 원만하지 않은 소통

3. 다음의 말과 행동은 원만한 소통일까? 원만하지 않은 소통일까?

모르는 것이 있으면 창피해 하지 않고 물어본다

① 원만한 소통   ② 원만하지 않은 소통

4. 다음의 말과 행동은 원만한 소통일까? 원만하지 않은 소통일까?

상대방은 말하지 못하게 하고 자기 얘기만 한다

① 원만한 소통   ② 원만하지 않은 소통

5. 다음의 말과 행동은 원만한 소통일까? 원만하지 않은 소통일까?

여러분, 자신의 의견을 마음껏 이야기해 보세요

① 원만한 소통   ② 원만하지 않은 소통

6. 다음의 말과 행동은 원만한 소통일까? 원만하지 않은 소통일까?

이 문제는 의논할 필요도 없다

① 원만한 소통   ② 원만하지 않은 소통

7. 다음의 말과 행동은 원만한 소통일까? 원만하지 않은 소통일까?

네가 뭐라고 해도 나의 의견은 바뀌지 않을 거야

① 원만한 소통   ② 원만하지 않은 소통

8. 다음의 말과 행동은 원만한 소통일까? 원만하지 않은 소통일까?

네가 하는 얘기는 다 틀렸어

① 원만한 소통   ② 원만하지 않은 소통

9. 다음의 말과 행동은 원만한 소통일까? 원만하지 않은 소통일까?

이 문제를 어떻게 해결할지 함께 생각해 보자

① 원만한 소통   ② 원만하지 않은 소통

● ● ● **낱말 풀이**
타협 : 어떤 일을 서로 양보하여 협
의함
토론 : 어떤 문제에 대하여 여러 사
람이 각각 의견을 말하며 논의함

10. 다음의 말과 행동은 원만한 소통일까? 원만하지 않은 소통일까?

나는 절대 타협*하지 않을 것입니다. 토론*은 여기서 마치죠

① 원만한 소통   ② 원만하지 않은 소통

11. 다음의 말과 행동은 원만한 소통일까? 원만하지 않은 소통일까?

지금은 우리의 의견이 다르지만, 우리가 토론하면 의견을 하나로
모을 수 있을 것이다

① 원만한 소통   ② 원만하지 않은 소통

12. 다음의 말과 행동은 원만한 소통일까? 원만하지 않은 소통일까?

당신이 말한 것도 생각해 보겠습니다

① 원만한 소통   ② 원만하지 않은 소통

열쇠와 쇠막대기의 결정적인 차이

대문에 큰 자물쇠가 잠겨 있었다. 쇠막대기는 자물쇠를 열기 위해 열쇠 구멍으로 들어가 몸을 이리저리 돌려 보았다. 하지만 아무리 애를 써도 자물쇠는 열리지 않았다.

그때 작은 열쇠가 자물쇠가 있는 쪽으로 다가왔다. 그리고 자신이 그 자물쇠를 열어 보겠다고 했다. 열쇠는 열쇠 구멍으로 들어가 몸을 살짝 움직였다. 그러자 큰 자물쇠는 '덜컹' 하는 소리와 함께 열렸다. 쇠막대기는 신기해 하며 작은 열쇠에게 물었다.

"나는 너보다 덩치도 크고 더 오랜 시간 동안 저 자물쇠를 열려고 노력했어. 하지만 열 수 없었지. 너는 덩치도 작은데 어떻게 저렇게 큰 자물쇠를 한 번에 열 수 있었니?"

작은 열쇠는 빙그레 웃으며 대답했다.

"나는 저 자물쇠의 마음을 제일 잘 알고 있었거든."

그러자 쇠막대기는 더욱 궁금해져서 물었다.

"어떻게 하면 자물쇠의 마음을 잘 알 수 있니?"

작은 열쇠는 말했다.

"열쇠공은 열쇠 구멍을 잘 들여다보고, 홈*이 파여 있는 그대로 나를 만들었거든."

자물쇠의 열쇠 구멍에는 홈이 파여 있다. 작은 열쇠는 그 홈에 꼭 맞게 만들어져 있었기 때문에 열쇠 구멍에 들어가서 한 번에 자물쇠를 열 수 있었다. 하지만 쇠막대기는 열쇠 구멍이 어떻게 생겼는지 몰랐기 때문에 아무리 노력해도 자물쇠를 열 수 없었다.

이렇게 자물쇠를 열 듯, 상대방의 마음을 열어서 원만하게 소통하려면 상대방의 마음을 잘 알아야 한다. 열쇠 구멍의 홈이 어떻게 생겼는지 잘 들여다보고 그 홈이 생긴 그대로 열쇠를 만들었듯이 상대방의 이야기를 잘 듣고 그 사람이 생각하는 것을 그대로 받아들여야 한다. 이야기를 잘 듣는다는 것은 상대방의 말을 진심으로 듣고 그의 이야기를 내 마음대로 판단하거나, 나의 생각

● ● ● **낱말 풀이**
홈 : 물체에 오목하고 길게 팬 줄

을 강요하지 않는 것이다. 이렇게 상대방의 이야기를 잘 듣고, 그 사람을 있는 그대로 이해하는 것을 '경청'이라고 하며 이것은 원활한 소통을 위해 우리가 가장 먼저 해야 하는 것이다.

기억하며 풀기

원활하게 소통하기 위해서는 굳게 잠긴 자물쇠를 열 듯 상대방의 마음을 열어야 한다. 그러기 위해서 상대방의 이야기를 경청하여 그 사람을 있는 그대로 이해해야 한다.

1. 왜 작은 열쇠는 큰 자물쇠를 쉽게 열 수 있었을까?

　① 열쇠의 크기가 작았기 때문에　② 열쇠의 크기가 컸기 때문에

　③ 자물쇠를 이해했기 때문에　　④ 튼튼했기 때문에

2. 이 이야기에서 잠겨 있는 자물쇠는 사람의 무엇에 비유할 수 있을까?

　① 닫힌 생각　　② 닫힌 마음　　③ 닫힌 대문　　④ 막힌 길

3. 이 이야기의 교훈은 무엇일까?

　① 상대방의 말을 경청하여 그 사람을 이해해야 상대방의 마음을 열 수 있다

　② 열심히 일을 해야 상대방의 마음을 열 수 있다

　③ 상대방이 원하는 대로 해 주어야 그 사람의 마음을 열 수 있다

　④ 내가 하고 싶은 대로 하면 상대방의 마음을 열 수 있다

4. 다음의 태도가 좋은 경청 자세인지 나쁜 경청 자세인지 판단해 보자.

　상대방을 비판*하지 않는다

　① 좋은 경청 자세　　　② 나쁜 경청 자세

● ● ● **낱말 풀이**

비판 : 사물의 옳고 그름을 가리어 판단하거나 밝힘

5. 다음의 태도가 좋은 경청 자세인지 나쁜 경청 자세인지 판단해 보자.

상대방의 의견이 옳은지 그른지* 판단한다

① 좋은 경청 자세   ② 나쁜 경청 자세

낱말 풀이
그르다 : 어떤 일이 사리에 맞지 않는 면이 있다

6. 다음의 태도가 좋은 경청 자세인지 나쁜 경청 자세인지 판단해 보자.

말하는 사람의 감정을 상상하고 이해한다

① 좋은 경청 자세   ② 나쁜 경청 자세

7. 다음의 태도가 좋은 경청 자세인지 나쁜 경청 자세인지 판단해 보자.

상대방이 너무 길게 이야기하면 중간에 끊어 버린다

① 좋은 경청 자세   ② 나쁜 경청 자세

8. 다음의 태도가 좋은 경청 자세인지 나쁜 경청 자세인지 판단해 보자.

머리를 끄덕이며 잘 듣고 있다는 것을 보여 준다

① 좋은 경청 자세   ② 나쁜 경청 자세

9. 다음의 태도가 좋은 경청 자세인지 나쁜 경청 자세인지 판단해 보자.

진심으로 상대방의 말을 잘 들어 준다

① 좋은 경청 자세   ② 나쁜 경청 자세

낱말 풀이
흥미 : 어떤 대상에 마음이 끌린다는 감정을 가지고 생기는 관심

10. 다음의 태도가 좋은 경청 자세인지 나쁜 경청 자세인지 판단해 보자.

대화의 주제를 자신이 흥미*를 가지고 있는 것으로 바꾼다

① 좋은 경청 자세   ② 나쁜 경청 자세

머릿속에 넣기

① 우리는 다른 사람들과 함께 살아가므로 언제 어디서나 소통하고 있다.

② 소통이 제대로 되지 않으면 서로 오해하거나 문제가 생길 수 있다.

③ 소통은 2명 이상의 사람들이 서로 정보를 주고받는 과정이다.

④ 원활하게 소통하기 위해서 상대방을 이해하고 상대방의 의견을 존중하며 용기를 가지고 자신의 의견을 솔직하게 말해야 한다. 그리고 서로를 믿고 함께 약속한 것을 지켜야 한다.

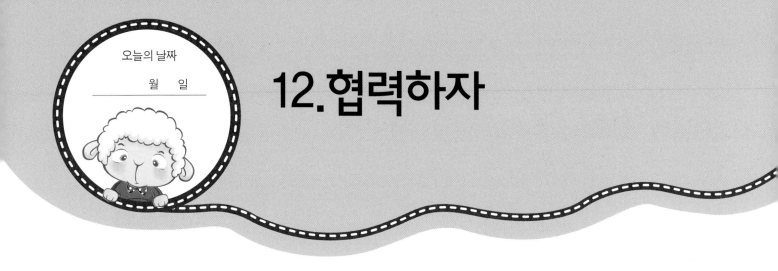

12. 협력하자

'백지장도 맞들면 낫다'는 속담이 있다. 가벼운 종이 한 장도 함께 드는 것이 덜 힘든데 그보다 어려운 일은 말할 것도 없다. 혼자서 하기 힘든 일을 다른 사람들과 서로 도와 가며 한다면 짧은 시간 안에 더 좋은 결과를 얻을 수 있다. 이 장에서는 다른 사람들과 협력하는 것이 왜 중요하며, 협력할 때 지켜야 할 원칙에 대하여 배워 볼 것이다.

오늘의 배울거리

동물 학교의 교육 방침*

동물 학교의 교장 선생님은 동물 학생들에게 비행, 수영, 달리기, 나무에 오르기 등 여러 가지 재주*를 가르쳤다. 하지만 모든 동물들이 모든 재주를 다 잘할 수는 없었다.

오리는 수영은 잘했지만 다리가 가늘어서 빨리 달리지 못했고, 토끼는 달리기는 잘했지만 물에만 들어가면 가라앉았다. 다람쥐는 나무에 오르는 것은 잘했지만 날개가 없어서 하늘을 닐 수 없었고, 독수리는 하늘을 나는 것은 자신 있었지만 나무를 잡을 앞발이 없었기 때문에 나무를 타고 올라가지는 못했다.

동물들은 자신이 잘하는 재주를 배우는 시간은 즐거웠지만 못하는 재주를 배우는 시간은 재미없고 힘들었다. 하지만 교장 선생님은 동물 학생들이 모든 재주를 다 잘해야 한다고 생각했고, 못하는 재주를 더 연습시켰다. 동물들은 자신이 못하는 재주를 연습하느라 온몸이 상처투성이가 되었다. 그리고 자신이 잘하는 재주는 연습할 시간이 없어서 결국 그 재주까지 사라지고 말았다.

동물마다 잘하는 것과 못하는 것이 다르듯이 사람도 각자 잘하는 일과 못하

● ● ● 낱말 풀이

방침 : 앞으로 일을 처러 나갈 방향과 계획

재주 : 무엇을 잘할 수 있는 타고난 능력과 슬기

는 일이 다르다. 동물 학교의 교장 선생님처럼 한 사람이 모든 일을 다 잘해야 한다고 생각해서 못하는 일을 잘하려고 노력하는 데 집중하면, 자신이 잘하는 일마저 제대로 못하게 될 수 있다.

그러므로 자신이 잘하는 것과 못하는 것이 무엇인지 알아야 한다. 그리고 잘하는 것은 더 잘할 수 있도록 개발하여 못하는 사람에게 도움을 주어야 한다. 반대로 내가 못하는 것은 잘하는 사람의 도움을 받아야 한다. 이렇게 서로 다른 특기*를 가지고 서로 도우면서 함께 일하는 것이 협력이며, 협력해야 다 같이 성공할 수 있다.

기러기 떼의 협동

기러기들은 항상 V자 모양으로 무리*를 지어서 날아다닌다. 이 이유가 궁금한 과학자들은 기러기 떼를 관찰했고 다음과 같은 사실을 밝혀냈다.

첫째, 기러기들이 두 날개를 펄럭일 때마다 날개 뒤쪽에 상승 기류*가 생기는데, 뒤에 있는 기러기들은 이 기류를 타기 때문에 힘을 많이 들이지 않아도 비행할 수 있다. 기러기 떼가 V자 모양으로 날면 이렇게 힘을 아낄 수 있기 때문에 같은 시간 동안 더 멀리 날 수 있다.

둘째, 전체 대열*의 가장 앞에서 나는 기러기는 상승 기류를 타지 못하므로 다른 기러기들보다 빨리 지친다. 따라서 선두*에 있던 기러기가 지치면 대열의 제일 끝자리로 이동*하고 다른 기러기가 앞으로 나와서 기러기 떼를 이끌어 간다.

셋째, 선두의 뒤에서 비행하는 기러기들은 끊임없이 소리를 내는데 이것은 가장 앞에서 나는 기러기를 응원하기 위해서다.

넷째, 기러기 떼에서 한 기러기가 병에 걸리거나 사냥꾼의 총에 맞아 부상*을 입어서 대열을 따라가지 못하게 되면 다른 기러기 두 마리가 그 기러기를 쫓아간다. 그래서 그 기러기가 다시 대열에 돌아갈 때까지 함께 있어 준다.

다섯째, 이렇게 서로 협력하면 목적지에 더 빨리, 더 쉽게 도착할 수 있다

기러기들이 무리를 이루어 V자 모양으로 날아가는 것을 보며 '협력'이란 무엇

인지 배울 수 있다. 기러기가 같은 목적지를 향해 다른 기러기들과 함께 가듯이, 우리도 같은 목표를 이루기 위해 다른 사람들과 서로 도우면서 함께 해야 한다.

기러기들은 비행하면서 생기는 상승 기류를 이용해 힘을 아낄 수 있었고 가장 힘이 많이 드는 제일 앞자리는 돌아가면서 맡았다. 그리고 앞자리의 기러기를 위해 모두 함께 응원하면서 힘을 북돋워* 주었다. 또한 무리에서 뒤처지는 기러기가 다시 무리로 돌아올 수 있도록 다른 기러기들이 챙겼다. 이렇게 서로 역할을 분담*하고 힘을 합하여 하나의 목표를 이루려고 노력한다면 '윈-윈' 할 수 있을 것이다.

기억하며 풀기

기러기 떼가 서로 도와서 같은 목적지를 향해 가는 것을 보며 협력이란 무엇인지 알 수 있다. 이렇게 기러기들처럼 같은 목표를 이루기 위해 서로 도우면서 함께 노력해야 '윈-윈'할 수 있다.

1. 기러기 떼가 V자 모양으로 비행하면 어떤 점이 좋을까? (모두 선택)

① 더 빨리 비행할 수 있다　　　② 더 높이 비행할 수 있다

③ 더 멀리 비행할 수 있다　　　④ 음식물을 절약할 수 있다

⑤ 에너지*를 절약할 수 있다　　⑥ 체력*을 절약할 수 있다

2. 기러기 떼가 V자 모양으로 비행하는 것이 좋은 이유는 무엇일까?

① 기러기가 두 날개를 펄럭일 때 자신의 뒤쪽에 하강 기류*를 일으키므로

② 기러기가 두 날개를 펄럭일 때 자신의 앞쪽에 하강 기류를 일으키므로

③ 기러기가 두 날개를 펄럭일 때 자신의 앞쪽에 상승 기류를 일으키므로

④ 기러기가 두 날개를 펄럭일 때 자신의 뒤쪽에 상승 기류를 일으키므로

3. 기러기 떼가 비행할 때 끊임없이 소리를 내는 이유는 무엇일까?

① 자기 뒤에 있는 기러기를 응원하기 위해

② 제일 앞에 있는 기러기를 응원하기 위해

③ 자기 앞에 있는 기러기를 응원하기 위해

④ 자기 옆에 있는 기러기를 응원하기 위해

4. 기러기 떼의 선두는 왜 자꾸 바뀌는 걸까?

① 맨 앞에서 비행하는 기러기가 부상을 당하기 쉽기 때문에

② 맨 앞에서 비행하는 기러기가 제일 힘들기 때문에

③ 맨 앞에서 비행하는 기러기가 길을 잃기 쉽기 때문에

④ 맨 앞에서 비행하는 기러기가 화를 내기 쉽기 때문에

5. 기러기 떼의 선두에 있는 기러기가 다른 기러기들보다 빨리 지치는 이유는 무엇일까?

① 맨 앞의 기러기가 주위의 기러기 떼를 부르기 때문에

② 맨 앞의 기러기는 상승 기류를 탈 수 없기 때문에

③ 맨 앞의 기러기는 다른 기러기들의 보호를 받기 때문에

④ 맨 앞의 기러기가 사냥꾼의 총에 맞기 쉽기 때문에

6. 기러기 떼가 협동하는 모습을 통해 무엇을 배울 수 있을까?

① 끊임없이 다른 팀원을 격려해야 한다

② 서로 협력해야만 '윈-윈'할 수 있다

③ 부상을 당한 동료를 세심하게 보살펴야 한다

④ V자 형태로 날아야 체력을 아낄 수 있다

서로 다른 혜리와 진수가 친구가 되었다!

반에서 가장 공부를 잘하는 혜리와 그림을 가장 잘 그리는 진수가 짝이 되었다. 혜리는 공부에는 관심이 없고 그림만 그리는 진수를 보며 '커서 어떤 사람이 되려고 공부도 안 하고 그림만 그리는 걸까?'라고 생각했다. 진수는 매일 공부만 하는 혜리를 보며 '선생님께 칭찬받고 싶어서 공부만 하는구나'라고 생각했다.

어느 날, 수업 시간에 자신의 꿈에 대해 발표하는 시간을 가졌다. 혜리는 의사가 되어서 돈이 없어서 병원에 가지 못하는 병 든 사람들을 무료*로 치료해 주는 일을 하고 싶다고 했다. 그리고 의사가 되기 위해서 지금부터 열심히 공부해야 한다고 했다. 진수는 그림을 그릴 때가 가장 즐겁고 사람들에게 감동을 줄 수 있는 그림을 그리는 화가가 되는 것이 꿈이기 때문에 지금부터 열심히 그림을 그려야 한다고 했다. 혜리와 진수는 서로의 발표를 듣고 혜리가 왜 공부를 열심히 하고, 진수가 왜 그림을 열심히 그리는지 알게 되었다. 그리고 자신과 다른 꿈을 가지고 그것을 이루기 위해 노력하는 모습을 보면서 서로가 다르다는 것을 인정했다.

그 후에 진수는 공부를 하다 모르는 것이 생기면 혜리에게 물어보았다. 혜리는 '왜 이렇게 쉬운 문제를 모르지?'라고 생각하지 않고 '미술은 잘하지만 수학은 부족하구나. 나는 쉽게 푸는 방법을 알고 있으니까 그걸 가르쳐 주면 진수도 잘할 수 있겠지?'라고 생각하며 친절하게 가르쳐 주었다. 그리고 미술 시간에 혜리가 그림을 어떻게 그려야 할지 몰라서 고민하고 있으면 진수가 나서서 도와주었다. '그림을 왜 이렇게 못 그리지?'라고 생각하지 않고 '공부는 잘하는데 미술은 어려운 모양이군. 난 미술에는 자신이 있으니까 내가 도와주면 혜리도 금방 알게 될 거야.'라고 생각했다.

이렇게 서로 잘하는 것이 다르다는 점을 인정하고 도움을 줄 수 있는 부분은 서로 도와주면서 두 친구는 단짝이 되었다. 도움을 주는 친구가 있었기 때문에 혜리는 미술이 재미있어졌고 진수도 공부에 관심을 가지게 되었다.

모든 사람은 각자 타고난 재능과 자라난 환경이 모두 다르므로 잘하고 못하는 것이 다르다. 협력이란 나와 다른 사람의 장점*과 단점*이 무엇인지 알고, 서로 자신이 가진 장점으로 상대방의 단점을 보완*해 주는 것이다. 따라서 협력을 잘 하려면 내가 잘하는 것을 상대방은 못할 수 있다는 점을 알아야 한다. 그리고 그것은 상대방이 나보다 부족하다는 뜻이 아니라 내가 상대방에게 도움을 줄 수 있다는 뜻으로 받아들여야 한다. 반대로 그 사람이 잘하는 것에서는 내가 도움을 받을 수 있다고 생각해야 한다.

● ● ● **낱말 풀이**
장점 : 좋거나 잘하거나 긍정적인 점
단점 : 잘못되고 모자라는 점
보완 : 모자라거나 부족한 것을 보충하여 완전하게 함

혜리와 진수처럼 서로 협력하기 위해서는 서로 잘하는 것과 못하는 것이 다르다는 사실을 인정해야 한다. 그리고 자신이 잘하는 부분에서 상대방에게 도움을 주고, 상대방이 잘하는 부분에서 도움을 받아야 한다. 이렇게 나와 다른 사람의 차이를 알고 그것을 인정해야 협력할 수 있다는 사실을 기억하자.

1. 모든 사람은 어떤 특징이 있을까?

　① 모든 것을 다 잘한다　　　　② 잘하고 못하는 것이 다르다

　③ 잘하고 못하는 것이 비슷하다　　④ 모든 것을 다 못한다

2. 나와 다른 사람이 다르다는 사실을 어떻게 대해야 할까?

　① 인정하고 무시한다　　　　② 인정하고 존중한다

　③ 부정하고 무시한다　　　　④ 부정하고 존중한다

3. 협력할 때 가장 중요하게 생각해야 할 점은 무엇일까?

　① 상대방을 격려해야겠다

　② 서로 참고 용서해야겠다

　③ 다른 사람들과 함께 고생해야겠다

　④ 다른 사람의 장점을 배우고 단점은 보완해 주어야겠다

4. 다음 중 협력하는 사람들이 가지는 생각은 무엇일까? (모두 선택)

① 사람마다 자기만의 장점이 있다

② 나는 언제나 가장 옳다

③ 다른 사람은 언제나 자기 생각만 한다

④ 나와 다른 의견도 소중하다

⑤ 다른 사람의 장점에서 배울 수 있다

⑥ 나에게도 부족한 점이 있다

정확하게 읽기

협력할 때 지켜야 할 규칙

우리는 다른 사람들과 협력할 때 어떤 점을 주의해야 할까? 서로 협동해서 살아가는 벌들의 생활을 통해 '협력의 규칙'을 알아보자.

첫째, 자신이 가진 능력을 최대한 발휘하여 다른 동료*들에게 도움을 주어야 한다.

벌들은 각각 역할이 정해져 있다. 정찰*벌은 꿀이 어디 있는지 찾아내어 일벌에게 알려 주고 일벌은 그곳으로 가서 꿀을 모은다. 이렇게 모은 꿀은 여왕벌이 먹고 여왕벌은 알을 낳는다. 그렇게 태어난 어린 벌들은 커서 정찰벌과 일벌이 되고 벌 사회는 계속 유지된다.

하지만 정찰벌이 꿀을 열심히 찾지 않거나, 일벌이 꿀을 열심히 모으지 않는다면 어떻게 될까? 여왕벌은 꿀을 먹지 못해서 죽을 수도 있고, 살아 있더라도 아기 벌들을 키우지 못해서 벌집은 곧 사라지게 될 것이다.

이렇게 어느 한쪽이라도 자신의 일을 열심히 하지 않으면 동료들이 손해를 보게 된다. 따라서 각자 자신의 역할을 열심히 하여 가장 좋은 성과를 내려고 노력해야 한다.

둘째, 서로 믿어야 한다.

정찰벌이 꿀이 어디에 있는지 알려 줬을 때, 일벌은 그것을 믿고 아무리 먼 곳이라도 찾아가야 한다. 혹시 잘못 알려 주지 않았을까 의심*하여 다른 곳으로 가면 꿀도 찾지 못하고 길을 잃게 된다.

● ● ● **낱말 풀이**

동료 : 같은 직장이나 같은 부문에서 함께 일하는 사람

정찰 : 더듬어 살펴서 알아냄

의심 : 확실히 알 수 없어서 믿지 못하는 마음

협력하는 사이라면 서로 상대방의 능력을 믿고 그것을 따라 줘야 한다. 나의 능력이 도움이 될 것이라고 믿고 상대방의 능력이 나에게 도움이 될 것이라고 믿으면 좋은 협력 관계를 유지할 수 있다.

셋째, 솔직하게 소통해야 한다.

일벌이 꿀을 많이 모으지 못했다면 그것을 숨기지 말고 다른 벌들에게 이야기해야 한다. 그래야 여왕벌은 적은 양의 꿀을 어떻게 나눌 것인지 정할 수 있고 정찰벌은 다시 꿀을 찾으러 떠날 수 있다.

정찰벌도 꿀이 어디에 있는지 찾지 못했다면 빨리 돌아와서 다른 벌들에게 이야기해야 한다. 그래야 다른 벌들과 어디로 가는 것이 좋을지 의견을 나눌 수 있다.

이렇게 일을 하면서 겪은 어려운 점이나 자신이 잘못한 점은 다른 사람들과 솔직하게 나누어야 한다. 또한 다른 사람의 잘못도 솔직하게 지적*해 주고 그것을 고칠 수 있도록 해야 한다. 그렇게 해야 문제가 더 심각*해지는 것을 막고 새로운 해결책을 찾을 수 있다.

안 좋은 점을 이야기하는 것만큼 좋은 점을 칭찬하는 것도 중요하다. 칭찬을 받으면 자신감이 생겨서 자신이 맡은 일을 더 잘할 수 있기 때문이다.

● ● ● **낱말 풀이**
지적 : 허물 등을 드러내어 폭로함
심각하다 : 상태나 정도가 매우 깊고 중대하다

기억하며 풀기

다른 사람들과 협력할 때 지켜야 하는 규칙이 있다. 자신의 능력을 최대한 발휘하여 다른 사람들에게 도움을 주어야 하고, 서로 믿어야 하며, 솔직하게 소통해야 한다. 이렇게 하면 자신의 장점으로 다른 사람의 부족한 부분을 채워 주고, 다른 사람의 장점으로 자신의 부족한 면을 채우면서 함께 이기는 관계가 될 수 있다.

1. 다음 중 협력할 때 지켜야 할 규칙은 무엇일까? (모두 선택)

① 책임을 다른 사람에게 미룬다　② 무조건 도움을 받는다

③ 자신이 맡은 일에 최선을 다한다　④ 서로 믿는다

⑤ 솔직하게 소통한다　⑥ 다른 사람의 잘못을 꾸짖는다

2. 협력이란 무엇일까?

① 자신의 장점으로 다른 사람의 단점을 보완*하거나 다른 사람의 단점으로 자신의 장점을 보완하는 것

② 자신의 단점으로 다른 사람의 장점을 보완하거나 다른 사람의 장점으로 자신의 단점을 보완하는 것

③ 자신의 장점으로 다른 사람의 단점을 보완하거나 다른 사람의 장점으로 자신의 단점을 보완하는 것

④ 자신의 장점으로 다른 사람의 단점을 보완하거나 다른 사람의 장점으로 다른 사람의 단점을 보완하는 것

3. 서로 믿지 않으면 어떻게 될까? (모두 선택)

① 서로 의심하게 된다   ② 서로 돕게 된다

③ 일을 제대로 못하게 된다   ④ 서로 희생하게 된다

⑤ 다른 사람에게 도움을 줄 수 있게 된다

4. 다음 중 솔직하게 소통하는 모습은 무엇일까? (모두 선택)

① 자신의 약점을 솔직하게 고백한다

② 자신의 생각을 다른 사람과 공유*한다

③ 다른 사람의 장점을 칭찬한다

④ 서로의 문제점을 지적해 준다

⑤ 다른 사람의 공로*를 인정한다

⑥ 다른 사람의 의견에 귀를 기울인다

⑦ 자신의 잘못을 인정한다

● ● ● **낱말 풀이**

구분 : 일정한 기준에 따라 전체를
몇 개로 갈라 나눔

협력하는 행동과 태도를 알아보자

지금까지 '협력'이 무엇인지, 왜 중요한지에 대하여 알아보았다. 이제 구체적으로 협력하는 행동과 태도가 무엇인지 구분*하는 연습을 해 볼 것이다. 아래의 문제를 풀면서 무엇이 협력하는 행동이고 태도인지 잘 알고 실제 생활에서 다른 사람들과 협력하여 함께 성공하는 관계를 만들도록 노력하자.

1. 다음은 협력하는 행동 또는 태도라고 할 수 있을까?

우리 팀 중에 어느 한 명도 뺄 수 없다

① 할 수 있다 　　　　　② 할 수 없다

2. 다음은 협력하는 행동 또는 태도라고 할 수 있을까?

나는 혼자가 아니라 팀과 함께한다

① 할 수 있다 　　　　　② 할 수 없다

3. 다음은 협력하는 행동 또는 태도라고 할 수 있을까?

나만 성공하면 된다

① 할 수 있다 　　　　　② 할 수 없다

4. 다음은 협력하는 행동 또는 태도라고 할 수 있을까?

성공과 실패는 나 혼자만의 것이 아니라 우리 팀의 것이다

① 할 수 있다 　　　　　② 할 수 없다

5. 다음은 협력하는 행동 또는 태도라고 할 수 있을까?

우리 팀의 이익을 위해 일한다

① 할 수 있다 　　　　　② 할 수 없다

6. 다음은 협력하는 행동 또는 태도라고 할 수 있을까?

서로에게 부족한 부분을 보완해 준다

① 할 수 있다   ② 할 수 없다

7. 다음은 협력하는 행동 또는 태도라고 할 수 있을까?

실패하면 다른 사람에게 책임을 돌린다

① 할 수 있다   ② 할 수 없다

8. 다음은 협력하는 행동 또는 태도라고 할 수 있을까?

성공과 실패는 한 사람의 책임이 아니다

① 할 수 있다   ② 할 수 없다

9. 다음은 협력하는 행동 또는 태도라고 할 수 있을까?

우리 팀이 성공하면 팀원들도 성공하는 것이다

① 할 수 있다   ② 할 수 없다

10. 다음은 협력하는 행동 또는 태도라고 할 수 있을까?

자신의 주장만 하지 않는다

① 할 수 있다   ② 할 수 없다

11. 다음은 협력하는 행동 또는 태도라고 할 수 있을까?

팀의 성공이 개인의 성공보다 더 중요하다

① 할 수 있다   ② 할 수 없다

● ● ● **낱말 풀이**

의지 : 다른 것에 마음을 기대어 도
움을 받음

12. 다음은 협력하는 행동 또는 태도라고 할 수 있을까?

> 서로 의지*하면서 일한다

① 할 수 있다   ② 할 수 없다

13. 다음은 협력하는 행동 또는 태도라고 할 수 있을까?

> 누구나 자신이 한 일에 책임을 진다

① 할 수 있다   ② 할 수 없다

14. 다음은 협력하는 행동 또는 태도라고 할 수 있을까?

> 내가 힘들 때 많은 사람들이 도와준다

① 할 수 있다   ② 할 수 없다

15. 다음은 협력하는 행동 또는 태도라고 할 수 있을까?

> 내가 성공하려면 다른 사람을 이겨야 한다

① 할 수 있다   ② 할 수 없다

머릿속에 넣기

❶ 사람은 모든 것을 다 잘할 수 없기 때문에 다양한 장점을 가진 사람들
과 협력해야 한다.

❷ 다른 사람과 협력하면 더 쉽고, 더 빠르게 목표를 이룰 수 있다.

❸ 협력하기 위해 가장 먼저 해야 하는 일은 상대방과 내가 다르다는 사
실을 인정하는 것이다.

❹ 협력할 때는 자신의 능력을 최대한 발휘해야 하고, 서로 믿어야 하며,
솔직하게 소통해야 한다.

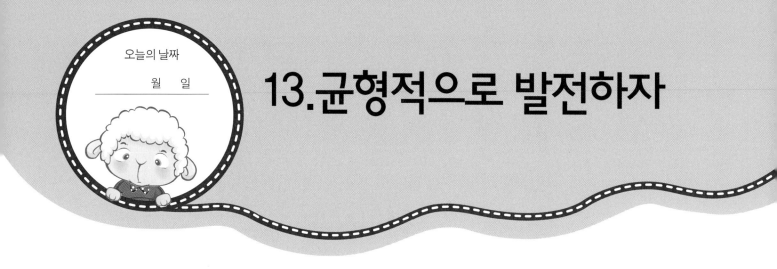

13.균형적으로 발전하자

하루 종일 쉬지 않고 열심히 일하면 성공할 수 있을까? 그렇지 않다. 자신의 일을 잘하기 위해서는 몸과 마음을 쉬게 하면서 힘을 충전*할 시간이 필요하다. 곳간*에서 쌀을 꺼내서 쓰기만 한다면 머지않아 곳간이 텅텅 비어 버리게 되듯이 몸과 마음의 힘도 계속 쓰기만 하면 금방 없어지고 말 것이다.

오늘의 배울거리

나무꾼의 도끼날

몸이 튼튼하고 힘이 센 나무꾼이 숲 속에서 나무를 베고* 있었다. 새로 사온 도끼의 날이 날카로워서 나무가 잘 베어졌으므로 하루 동안 나무를 10그루나 벨 수 있었다. 다음 날도 나무꾼은 나무를 하러 숲 속으로 들어갔다. 하지만 하루 종일 열심히 일했는데도 나무를 8그루밖에 베지 못했다.

"아무래도 10그루를 베려면 내일은 좀 더 일찍 나와야겠어."

이렇게 생각한 나무꾼은 일찍 잠자리에 들었다. 그리고 전날보다 한 시간이나 일찍 숲 속으로 가서 나무를 벴다. 하지만 어쩐 일인지 어제보다 더 열심히 일했지만 나무를 7그루밖에 베지 못했다.

"내일부터는 쉬는 시간을 줄이고 일하는 시간을 늘려야겠어."

나무꾼은 집으로 돌아가며 이렇게 생각했다.

다음 날, 나무꾼은 쉬지 않고 일했지만 나무를 5그루밖에 베지 못했다. 그 다음 날은 고작 3그루밖에 베지 못했다. 나무꾼은 하루 종일 일하느라 지친 몸을 이끌고 집으로 돌아갔다. 이튿날 아침, 나무꾼은 숲 속에서 지칠 대로 지쳐서 힘들게 나무를 베고 있었다. 그때 마침 한 노인이 지나가면서 말했다.

● ● ● **낱말 풀이**
충전 : 휴식을 하면서 활력을 되찾거나 실력을 기르는 일을 비유적으로 이르는 말
곳간 : 물건을 간직하여 두는 곳
베다 : 날이 있는 연장 등으로 무엇을 끊거나 자르거나 가르다

"이보게, 도끼날이 많이 무뎌진* 것 같구려. 잠시 쉬며 도끼날을 갈게나."

그러자 나무꾼은 노인을 쳐다보지도 않고 계속 나무를 베며 말했다.

"그럴 시간이 없어요. 지금 빨리 나무를 베야 해요."

나무꾼의 도끼날은 처음엔 날카로워서 나무를 잘 베었다. 하지만 쓰면 쓸수록 무뎌져서 나무가 잘 베어지지 않았다. 만약 나무꾼이 노인의 말대로 잠시 쉬면서 도끼날을 갈았다면 다시 처음처럼 하루에 10그루씩 벨 수 있었을 것이다. 사람도 마찬가지다. 쉬지 않고 열심히 일한다고 성공할 수 있는 것이 아니다. 나무꾼이 도끼날을 갈 듯이 사람도 잠시 쉬면서 몸과 마음을 재충전하여 다시 힘을 낼 수 있도록 해야 한다. 그래야 중간에 포기하지 않고 목표를 이룰 때까지 계속 노력할 수 있다.

그렇다면 어떤 부분을 어떻게 재충전해야 하는 걸까? 그것은 크게 신체, 두뇌, 감정, 정신의 네 가지 영역으로 나눌 수 있고 다음의 그림과 같이 나타낼 수 있다.

신체	두뇌
몸을 건강하게 단련하자	지식을 쌓자
감정	정신
원만한 인간관계를 통해 즐거움을 얻자	마음을 편안하게 유지하자

우리는 신체, 두뇌, 감정, 정신의 각 영역을 끊임없이 개발*해야 하고, 한 영역에 치우치지 않게 네 영역을 균형적으로 발전시켜야 한다. 이런 과정은 일의 우선순위를 정하는 'ABCD 법칙' 중에서 '중요하지만 급하지 않은 일'에 속한다. 따라서 몸과 마음을 재충전하는 것은 평소에 꾸준히 해야 하는 일이다. 이제 네 영역을 어떻게 발전시키는지에 대해 자세하게 알아보자.

● ● ● **낱말 풀이**
무디다 : 칼이나 송곳 등의 끝이나 날이 날카롭지 못하다
개발 : 지식이나 재능 등을 발달하게 함

몸을 건강하게 단련*하자

민재는 운동하는 것을 좋아하지 않았다. 평소에 운동을 하지 않으니까 조금만 움직여도 금방 지쳤다. 그래서 공부를 하거나 축구를 할 때에 다른 친구들처럼 오랫동안 할 수 없었다. 그런 민재는 '피곤해서 못하겠어'라는 말을 달고 살았다. 민재의 어머니는 민재가 걱정되어서 매일 밤 30분씩 줄넘기를 하자고 권했다. 처음엔 30개만 해도 숨이 차서 계속할 수 없었지만 옆에서 같이 줄넘기를 하는 어머니 때문에 줄넘기를 그만둘 수 없었다.

그렇게 억지로 운동한 지 2주일이 지나자 민재의 태도는 점점 달라졌다. 매일 줄넘기 연습을 했더니 한 번에 100개는 거뜬하게 할 수 있게 되었고, 그렇게 되자 줄넘기를 하는 게 재미있어졌다. 이제 어머니 없이 혼자서도 운동을 하러 나갔고 줄넘기 말고 다른 운동에도 도전해 보았다.

그렇게 운동에 재미를 들이자 민재는 전보다 훨씬 건강해졌고, 체육 시간 내내 친구들과 축구를 해도 지치기는커녕 신나기만 했다. 이렇게 힘이 넘치는 민재는 이제 공부도 체육도 피곤해서 못하는 일 없이 활기차게 할 수 있었다.

무슨 일이든 힘이 있어야 지치지 않고 끝까지 할 수 있다. 신체가 건강해야 힘이 생기고 힘이 있어야 어려운 일을 할 마음도 생긴다. 항상 피곤해 하며 의욕이 없던 민재가 운동을 하게 된 후 체육뿐만 아니라 공부도 활기차게 할 수 있었던 것을 보면 건강한 몸이 얼마나 중요한지 알 수 있다. 따라서 우리가 이루고 싶은 목표가 있고 그것을 위해 노력해야 한다면 먼저 자신의 몸부터 건강하게 잘 돌보아야 한다.

● ● ● **낱말 풀이**

단련 : 몸과 마음을 굳세게 함

기억하며
풀기

신체가 건강해야 열심히 할 수 있는 힘과 열심히 하고자 하는 마음이 생긴다. 그러므로 평소에 몸을 단련해야 하는데 아래의 문제를 통해 몸을 단련하는 방법을 찾아보자.

1. 다음은 몸을 건강하게 만드는 데 도움이 되는 행동일까?

매일 학교 운동장을 달린다

① 도움이 된다   ② 도움이 되지 않는다

2. 다음은 몸을 건강하게 만드는 데 도움이 되는 행동일까?

요가 연습을 한다

① 도움이 된다   ② 도움이 되지 않는다

3. 다음은 몸을 건강하게 만드는 데 도움이 되는 행동일까?

늦게까지 잠을 안 잔다

① 도움이 된다   ② 도움이 되지 않는다

4. 다음은 몸을 건강하게 만드는 데 도움이 되는 행동일까?

과일과 채소를 많이 먹는다

① 도움이 된다   ② 도움이 되지 않는다

5. 다음은 몸을 건강하게 만드는 데 도움이 되는 행동일까?

패스트푸드를 자주 먹는다

① 도움이 된다   ② 도움이 되지 않는다

6. 나의 몸을 건강하게 만들기 위해 계속 유지할 행동에는 무엇이 있는지 써

보자.

7. 나의 몸을 건강하게 만들기 위해 바꾸어야 하는 행동에는 무엇이 있는지 써 보자.

8. 나의 몸을 건강하게 만들기 위해 새로 시작할 행동에는 무엇이 있는지 써 보자.

9. 나의 몸을 건강하게 만들기 위해 그만두어야 하는 행동에는 무엇이 있는지 써 보자.

정확하게 읽기

● ● ● **낱말 풀이**
머슴 : 주로 농가에 고용되어 그 집의 농사일과 잡일을 해 주고 대가를 받는 사내
장사 : 이익을 얻으려고 물건을 사서 팖
수입 : 다른 나라로부터 물품을 사들임

지식을 쌓자

옛날에 두 머슴*이 살고 있었다. 돌쇠는 머슴 일에 만족하여 주인이 시키는 일만 하고 그것을 다하고 나면 편히 쉬었다. 하지만 마당쇠는 머슴 일에 만족하지 않고 주인이 시킨 일을 마친 후에, 자신이 할 수 있는 다른 직업이 없는지 찾아보았다. 마당쇠는 시장에 나가서 다른 마을에서 온 사람들의 이야기를 들으면서 새로운 사실을 알 수 있었다. 앞으로는 농사를 짓는 것보다 장사*를 하는 것이 더 많은 돈을 벌 수 있다는 것이다. 마당쇠는 자신도 장사를 해야겠다고 생각하며 장사할 준비를 했다.

먼저 어떤 물건을 팔지 정하기 위해 시장에 가서 장사꾼들의 이야기를 들었다. 그 결과 중국 물건을 수입*해서 팔아야 돈을 많이 벌 수 있다는 사실을 알게 되었다. 마당쇠가 책을 보며 공부한 결과 물건을 수입하려면 돈이 많이 필요하다는 것을 알게 되었고, 자신에게는 그렇게 많은 돈이 없었으므로 함께 장사를 할 사람을 찾았다. 그리고 틈*만 나면 시장에 가서 사람들이 장사하는 모습을 보면서 어떤 식으로 물건을 팔아야 하는지 배웠다. 돌쇠는 마당쇠가 바쁘게 돌아다니는 것을 보며 '이렇게 주인의 농사를 지어 주면서 사는 게 편한데 왜 저렇게 고생을 하고 다니는 거야'라고 생각했다.

얼마 후, 마을에서 농사를 짓던 사람들이 하나 둘 땅을 팔고 장사를 하겠다고 한양*으로 떠났다. 마당쇠는 이제 자신도 장사를 하러 떠나야 할 때라고 생각했다. 하지만 돌쇠는 자신의 주인은 계속 농사를 지을 것이라고 믿으며 아무런 준비도 하지 않았다. 그렇게 돌쇠가 마음 놓고 있을 때, 주인은 돌쇠와 마당쇠를 불렀다. 그리고 이야기했다.

"나도 땅을 팔고 장사를 하러 한양으로 가려고 한다. 지금까지 우리 집 농사를 하느라 고생이 많았다. 이제 너희들도 각자 살 길을 찾아야 할 것 같구나."

돌쇠는 이제부터 무엇을 하고 살아야 할지 몰라 당황하여* 엉엉 울었고, 마당쇠는 그 길로 장사를 하러 떠났다.

돌쇠와 마당쇠의 차이는 무엇일까? 돌쇠는 현재 자신의 상황*에 만족하면서 머물러 있었지만, 마당쇠는 지금보다 더 나은 삶을 만들기 위해 새로운 정보를 모으며 지식을 쌓았다는 것이다. 이렇게 계속 공부하며 새로운 지식을 얻은 마당쇠는 자신의 삶을 새롭게 만들 수 있었다.

● ● ● 낱말 풀이
틈 : 어떤 행동을 할 만한 기회
한양 : '서울'의 옛 이름
당황하다 : 놀라거나 다급하여 어찌할 바를 모르다
상황 : 일이 되어 가는 과정이나 형편

● ● ● 낱말 풀이
아이디어 : 어떤 일에 대한 구상

지금 자신이 알고 있는 것만 가지고는 새로운 생각을 할 수 없다. 우리는 끊임없이 새로운 정보를 받아들여서 지식을 쌓고 이전보다 더 나은 아이디어*를 가질 수 있도록 노력해야 한다.

1. 다음은 지식을 쌓는 데 도움이 되는 행동일까?

책을 읽는다

① 도움이 된다   ② 도움이 되지 않는다

2. 다음은 지식을 쌓는 데 도움이 되는 행동일까?

> 신문을 본다

① 도움이 된다   ② 도움이 되지 않는다

3. 다음은 지식을 쌓는 데 도움이 되는 행동일까?

> 다큐멘터리*를 본다

① 도움이 된다   ② 도움이 되지 않는다

● ● ● 낱말 풀이

다큐멘터리 : 실제로 있었던 어떤 사건을 극적인 허구성이 없이 그 전개에 따라 사실적으로 그린 것

4. 다음은 지식을 쌓는 데 도움이 되는 행동일까?

> 수업 시간에 새로운 내용을 배운다

① 도움이 된다   ② 도움이 되지 않는다

5. 다음은 지식을 쌓는 데 도움이 되는 행동일까?

> 박물관에 간다

① 도움이 된다   ② 도움이 되지 않는다

6. 지식을 쌓기 위해 내가 계속 유지할 행동에는 무엇이 있는지 써 보자.

7. 지식을 쌓기 위해 내가 바꾸어야 하는 행동에는 무엇이 있는지 써 보자.

8. 지식을 쌓기 위해 내가 새로 시작할 행동에는 무엇이 있는지 써 보자.

9. 지식을 쌓기 위해 내가 그만두어야 하는 행동에는 무엇이 있는지 써 보자.

정확하게
읽기

원만한 인간관계를 통해 즐거움을 얻자

지수는 친구가 많은 희정이가 부러웠다. 마음을 터놓고 이야기할 수 있는 친구가 한 명도 없는 지수는 학교생활이 재미없었는데, 친구들에게 둘러싸여 있는 희정이는 항상 즐거워 보였기 때문이다. 지수는 희정이가 친구들에게 인기*가 많은 이유를 알고 싶었다. 지수는 희정이에게 용기를 내어 물어봤다.

"희정아, 넌 정말 친구가 많구나. 나도 친구를 많이 사귀고 싶은데 어떻게 해야 할지 모르겠어. 혹시 방법이 있으면 가르쳐 주지 않을래?"

"지수야, 네가 그런 생각을 할 줄은 몰랐어. 넌 항상 조용히 앉아 있길래 혼자 있는 걸 좋아하는 줄 알았지. 친구를 사귀는 방법? 글쎄, 사실 방법 같은 건 없어."

지수는 실망했다. 희정이는 친구를 잘 사귀는 방법을 알고 있을 거라고 생각했기 때문이다. 지수의 실망한 표정을 보며 희정이가 말했다.

"난 그냥 친구들에게 먼저 인사하고, 친구들의 이야기를 잘 들어 준 것밖에 없어. 그리고 아무리 작은 것이라도 친구의 장점을 찾으면 바로 칭찬하기도 해. 친구를 사귀는 데 대단한 방법이 있는 건 아니야. 네가 친구들에게 먼저 다가가서 진심으로 대하면 다른 아이들도 너와 친구가 되고 싶어 할 거야."

지수는 희정이의 이야기를 듣고 자신도 그렇게 해 보겠다고 결심*했다.

다음 날, 지수는 교실에 들어가면서 친구들에게 먼저 인사했다. 아무도 인사를 받아 주지 않을까 봐 걱정했지만 다른 친구들도 밝게 인사해 주어서 안심했다*. 쉬는 시간에 항상 혼자서 앉아 있던 지수였지만 용기를 내어 친구들이 모여 있는 곳으로 가서 먼저 말을 걸었다. 지수의 걱정과 달리 친구들은 친근하게* 대해 주었다.

이렇게 지수가 먼저 다가가려고 노력하자 친구들도 지수에게 마음을 열었고

● ● ● **낱말 풀이**
인기 : 어떤 대상에 쏠리는 대중의 높은 관심이나 좋아하는 기운
결심 : 할 일에 대하여 어떻게 하기로 마음을 굳게 정함
안심하다 : 모든 걱정을 떨쳐 버리고 마음을 편히 가지다
친근하다 : 사귀어 지내는 사이가 아주 가깝다

금세 친해지게 되었다. 마음이 통하는 친구들을 얻게 된 지수는 학교생활이 즐거워졌고 항상 기쁜 마음으로 생활할 수 있었다.

우리는 다른 사람들과 함께 살아가기 때문에 인간관계에서 즐거움과 괴로움을 가장 많이 느낀다. 친구들과 사이가 좋으면 다른 일도 즐겁게 할 수 있지만 친구와 다투어서 기분이 상하면 다른 일을 할 의욕*마저 잃어버린다. 따라서 우리는 인간관계를 원만하게 만들어서 긍정적인 기분이 유지되도록 노력해야 한다.

● ● ● 낱말 풀이

의욕 : 무엇을 하고자 하는 적극적인 마음이나 욕망

기억하며
풀기

인간관계에서 느끼는 즐거움과 괴로움은 우리의 생활 모든 면에 영향을 미친다. 따라서 좋은 관계를 유지하여 좋은 기분으로 생활할 수 있도록 노력해야 한다.

1. 다음은 다른 사람과 좋은 관계를 유지하는 데 도움이 되는 행동일까?

　　　자신의 잘못을 솔직하게 이야기한다

　　① 도움이 된다　　　　　　② 도움이 되지 않는다

2. 다음은 다른 사람과 좋은 관계를 유지하는 데 도움이 되는 행동일까?

　　　다른 사람과의 약속을 꼭 지킨다

　　① 도움이 된다　　　　　　② 도움이 되지 않는다

3. 다음은 다른 사람과 좋은 관계를 유지하는 데 도움이 되는 행동일까?

　　　다른 사람의 장점을 찾아서 칭찬한다

　　① 도움이 된다　　　　　　② 도움이 되지 않는다

4. 다음은 다른 사람과 좋은 관계를 유지하는 데 도움이 되는 행동일까?

　　　자신의 의견은 말하지 않고 상대방의 이야기를 듣기만 한다

　　① 도움이 된다　　　　　　② 도움이 되지 않는다

5. 다음은 다른 사람과 좋은 관계를 유지하는 데 도움이 되는 행동일까?

> 다른 사람을 응원한다

① 도움이 된다   ② 도움이 되지 않는다

6. 다른 사람과 좋은 관계를 유지하기 위해 내가 계속 유지할 행동에는 무엇이 있는지 써 보자.

7. 다른 사람과 좋은 관계를 유지하기 위해 내가 바꾸어야 하는 행동에는 무엇이 있는지 써 보자.

8. 다른 사람과 좋은 관계를 유지하기 위해 내가 새로 시작할 행동에는 무엇이 있는지 써 보자.

9. 다른 사람과 좋은 관계를 유지하기 위해 내가 그만두어야 하는 행동에는 무엇이 있는지 써 보자.

정확하게
읽기

마음을 편안하게* 유지하자

어느 가을 날, 날쌘돌이 팀과 숯돌이 팀의 축구 시합이 벌어졌다. 후반전*까지 1:1의 동점*을 유지하고 있었던 두 팀은 결국 승부차기*를 하게 되었다. 날쌘

돌이 팀의 첫 번째 선수부터 나왔다. 꼭 골을 넣어야 한다는 부담감과 관중*들의 함성*에 집중하기 힘들었다. 날쌘돌이 팀의 첫 번째 선수는 평소보다 너무 긴장*하는 바람에 골을 넣지 못했다.

숫돌이 팀의 첫 번째 선수가 나왔다. 똑같이 긴장되는 상황이었지만 그 선수는 훈련을 할 때 승부차기를 하게 되는 상황을 상상하면서 연습을 했기 때문에 자신의 마음을 잘 다스릴* 수 있었다. 따라서 자신의 평소 실력대로 골을 넣을 수 있었다.

결국 긴장되는 순간에 마음이 흔들려서 정신*을 집중할 수 없었던 날쌘돌이 팀 선수들은 모두 골을 넣을 수 없었다. 하지만 자신의 마음을 다스리는 연습을 했던 숫돌이 팀의 선수들은 정신을 집중해서 실력을 발휘하여 모두 골을 넣을 수 있었다.

숫돌이 팀의 축구 선수들은 평소에 자신의 마음을 잘 다스렸기 때문에 아무리 긴장되는 상황에서도 동요*하지 않고 최선을 다할 수 있었다. 그들처럼 우리도 평소에 자신의 마음을 다스리는 방법을 알아야 한다. 그래야 아무리 어렵고 힘든 상황에 처하더라도* 흔들리지 않고 잘 헤쳐 나갈 수 있다. 책을 읽고, 좋은 음악을 듣고, 자신의 생각과 느낌을 글로 써서 정리하면서 언제나 마음을 편안하게 유지해야 한다.

자신의 마음을 잘 다스리는 사람만이 어려운 문제도 잘 해결할 수 있다. 자신의 마음을 편안하게 유지하는 방법을 찾아서 마음을 다스리는 연습해 본다면 긴장되는 상황도 잘 헤쳐 나갈 수 있을 것이다.

1. 다음은 마음을 편안하게 유지하는 방법이라고 할 수 있을까?

혼자서 조용히 생각한다

① 할 수 있다   ② 할 수 없다

● ● ● **낱말 풀이**

편안하다 : 편하고 걱정 없이 좋다

후반전 : 축구·핸드볼 등의 운동 경기에서, 경기 시간을 반씩 둘로 나눈 것의 뒤쪽 경기

동점 : 점수가 같음

승부차기 : 축구에서 골로 승부가 나지 않을 경우 일정한 횟수의 페널티 킥을 차서 승부를 내는 일

관중 : 연극이나 운동 경기 등을 구경하는 무리

함성 : 여러 사람이 함께 지르는 고함 소리

긴장 : 정세나 분위기가 평온하지 않은 상태

다스리다 : 몸이나 마음을 가다듬거나 노력을 들여서 바로잡다

정신 : 마음의 자세나 태도

동요 : 생각이나 처지가 확고하지 못하고 흔들림

처하다 : 어떤 형편이나 처지에 놓이다

기억하며 풀기

2. 다음은 마음을 편안하게 유지하는 방법이라고 할 수 있을까?

> 자신의 행동을 반성한다

① 할 수 있다   ② 할 수 없다

3. 다음은 마음을 편안하게 유지하는 방법이라고 할 수 있을까?

> 자신의 느낌을 일기에 적는다

① 할 수 있다   ② 할 수 없다

4. 다음은 마음을 편안하게 유지하는 방법이라고 할 수 있을까?

> 아름다운 음악을 듣는다

① 할 수 있다   ② 할 수 없다

5. 다음은 마음을 편안하게 유지하는 방법이라고 할 수 있을까?

> 자연 속을 걸어 다닌다

① 할 수 있다   ② 할 수 없다

6. 나의 마음을 편안하게 유지하기 위해 계속 해야 할 행동에는 무엇이 있는
지 써 보자.

7. 나의 마음을 편안하게 유지하기 위해 바꾸어야 하는 행동에는 무엇이 있는
지 써 보자.

8. 나의 마음을 편안하게 유지하기 위해 새로 시작할 행동에는 무엇이 있는지 써 보자.

9. 나의 마음을 편안하게 유지하기 위해 그만두어야 하는 행동에는 무엇이 있는지 써 보자.

머릿속에 넣기

① 쉬지 않고 노력해서는 성공할 수 없다. 몸과 마음의 힘을 재충전하는 시간을 가져야 성공할 수 있다.

② 몸과 마음의 균형적인 발전은 신체, 두뇌, 감정, 정신이 골고루 발전하는 것이다.

③ 우리는 자신의 신체를 소중히 여겨야 한다.

④ 언제나 새로운 것을 배우려고 노력해야 성공할 수 있다

⑤ 원만한 인간관계는 우리의 삶에 커다란 즐거움을 가져다주므로 인간관계를 소중히 여기고 원만하게 유지해야 한다.

⑥ 정신을 편안하게 유지해야 어려운 상황에서 흔들리지 않고 최선을 다할 수 있다.

참고답안

사람들마다 생각이 다를 수 있다. 어떤 답이 절대적으로 옳다고 말할 수 없기 때문에 여기에 있는 답은 참고답안일 뿐이지 정답이 아니다. 그리고 혹시 답이 나와 있지 않은 문제는 자유롭게 생각하면 된다.

CHAPTER 1
성공이란 무엇일까?

90점을 받은 것은 성공일까? 실패일까?

1. ② 2. ①, ②, ③, ④ 3. ③ 4. ②, ④, ⑥ 5. 정해진 답이 없음

진정한 성공이란 무엇일까?

1. ③ 2. 모두 정답 3. ① 4. ①, ②, ④, ⑤ 5. ② 6. ④

진정한 성공이란 무엇인지 판단해 보기

1. ② 2. ② 3. ② 4. ① 5. ① 6. ① 7. ② 8. ② 9. ① 10. ② 11. ② 12. ①

CHAPTER 2
성공 습관이란 무엇일까?

'이것'은 무엇일까?

1. ④ 2. ④ 3. ④ 4. ④ 5. ③, ⑥

승주의 습관 만들기

1. ② 2. ①, ⑤ 3. ④ 4. ② 5. ③, ④ 6. ④ 7. ① 8. ③ 9. 모두 정답

습관은 바꿀 수 있을까?

1. ② 2. ② 3. ② 4. ① 5. ② 6. ① 7. ① 8. ② 9. ② 10. ① 11. ① 12. ① 13. ②
14. ② 15. ① 16. ①

성공하는 사람들의 7가지 습관

1. ② 2. ①, ②, ③ 3. ④, ⑤, ⑥

CHAPTER 3
자신의 삶을 주도하자 ①

"내가 화가 나지 않게 할 수 있어요."

1. ③ 2. ① 3. ① 4. ④

마지막 순간까지 가질 수 있었던 자유

1. ③ 2. ④ 3. ② 4. ② 5. ④

희정이의 하루

1. 모두 정답 2. ②, ③, ④ 3. ③ 4. ①, ②, ③, ④, ⑤, ⑥, ⑧

인간관계의 구조

1.④ 2.② 3.① 4.① 5.③ 6.② 7.③ 8.④ 9.① 10.② 11.① 12.① 13.①
14.④ 15.①

내 논에 물 대기

1.④ 2.② 3.①,②,③,④,⑤,⑥

부탁을 거절하지 못하는 청년

1.① 2.③ 3.③ 4.①,②,③,④,⑤,⑥

나도 지치고 상대방도 지치는 관계

1.① 2.④ 3.①,②,⑤,⑥

물고기와 낚싯대 중 무엇을 선택해야 살아남을 수 있을까?

1.① 2.② 3.② 4.④ 5.③ 6.① 7.③ 8.①,②,⑤,⑥,⑦,⑧ 9.①

'윈-윈'하기 위한 두 가지 원칙

1. 모두 정답 2.② 3.④ 4.①,②,③ 5.①,④,⑤ 6.④

잘못된 소통이 낳은 비행기 추락 사고

1.③ 2.③ 3.① 4.④

소통의 과정

1.③ 2.①,③,④,⑤,⑥ 3.① 4.③ 5.③ 6.④ 7.② 8.① 9.②

소통의 원칙

1.① 2.② 3.① 4.② 5.① 6.② 7.② 8.② 9.① 10.② 11.① 12.①

열쇠와 쇠막대기의 결정적인 차이

1.③ 2.② 3.① 4.① 5.② 6.① 7.② 8.① 9.① 10.②

기러기 떼의 협동

1.①,⑥ 2.④ 3.② 4.② 5.② 6.②

서로 다른 혜리와 진수가 친구가 되었다!

1.② 2.② 3.④ 4.①,④,⑤,⑥

협력할 때 지켜야 할 규칙

1.③,④,⑤ 2.③ 3.①,③ 4. 모두 정답

협력하는 행동과 태도를 알아보자

1. ① 2. ① 3. ② 4. ① 5. ① 6. ① 7. ② 8. ① 9. ① 10. ① 11. ① 12. ① 13. ①
14. ① 15. ②

몸을 건강하게 단련하자

1. ① 2. ① 3. ② 4. ① 5. ②

지식을 쌓자

1. ① 2. ① 3. ① 4. ① 5. ①

원만한 인간관계를 통해 즐거움을 얻자

1. ① 2. ① 3. ① 4. ② 5. ①

마음을 편안하게 유지하자

1. ① 2. ① 3. ① 4. ① 5. ①

지은이 리앙즈웬(梁志援)

저자는 홍콩 이공대학과 마카오 동아대학(마카오 대학)에서 경영관리 학사학위, 마케팅 학사학위와 석사학위를 받았으며, 아동사고훈련 및 컴퓨터교육 분야에서 많은 현장 경험을 가지고 있다. 현재 홍콩 컴퓨터학회, 영국 특허마케팅학회, 홍콩 컴퓨터교육학회와 홍콩 인터넷교육학회 회원으로 활동하고 있다. 또한 컴퓨터 과학기술, 심리학, 신경언어학(NLP)을 통해 아동과 청소년 양성에 주력해 왔다. 그는 또한 사고방법, 교수법, 잠재의식 운영, 심리학 등의 관련 학문을 공부했다.

홈페이지 www.youngthinker.net

옮긴이 이선애

중국 길림성 연변대학 신문방송학과를 졸업하고 3년 동안 기자로 활동했다. 이후 좋은 책을 만드는 사람이 되고 싶어 5년 동안 편집인으로 살다가 한국 연세대학교 중어중문학과 문화학전공 석사 졸업, 현재 동대학원 박사과정에 있다. 번역서로는《영어그림책 읽어주는 엄마》,《그림책 읽어주는 엄마》등이 있다.

Our Mission – 우리는 새로운 지식을 창출, 전파하여 전 인류가 이를 공유케 함으로써 인류문화의발전과 행복에 이바지한다.

– 우리는 끊임없이 학습하는 조직으로서 자신과 조직의 발전을 위해 쉼없이 노력하며, 궁극적으로는 세계적 컨텐츠 그룹을 지향한다.

– 우리는 정신적, 물질적으로 최고 수준의 복지를 실현하기 위해 노력하며, 명실공히 초일류 사원들의 집합체로서 부끄럼없이 행동한다.

Our Vision   한언은 콘텐츠 기업의 선도적 성공모델이 된다.

저희 한언인들은 위와 같은 사명을 항상 가슴 속에 간직하고
좋은 책을 만들기 위해 최선을 다하고 있습니다.
독자 여러분의 아낌없는 충고와 격려를 부탁드립니다.

• 한언 가족 •

HanEon´s Mission statement

Our Mission – • We create and broadcast new knowledge for the advancement and happiness of the whole human race.

– • We do our best to improve ourselves and the organization, with the ultimate goal of striving to be the best content group in the world.

– • We try to realize the highest quality of welfare system in both mental and physical ways and we behave in a manner that reflects our mission as proud members of HanEon Community.

Our Vision   HanEon will be the leading Success Model of the content group.